Klausura.de

Erfolgreich und unabhängiger lernen...

Fachwirt Kompakt

für

Geprüfte Fachwirte IHK

Zusammenfassung & 50 Aufgaben mit Lösungen

VWL / BWL

Michael Fischer, Thomas Weber

Bibliografische Information der Deutschen Nationalbibliothek: Die Deutsche Nationalbibliothek verzeichnet diese Publikation in der Deutschen Nationalbibliografie; detail-
lierte bibliografische Daten sind im Internet über http://dnb.dnb.de abrufbar.

Die automatisierte Analyse des Werkes, um daraus Informationen insbesondere über
Muster, Trends und Korrelationen gemäß §44b UrhG („Text und Data Mining") zu gewinnen, ist untersagt.

Verlag: BoD · Books on Demand GmbH, Überseering 33, 22297 Hamburg,

bod@bod.de

Druck: Libri Plureos GmbH, Friedensallee 273, 22763 Hamburg

ISBN: 978-3-7693-5479-9

Vorwort

Dieses Buch wurde von erfahrenen Dozenten zusammengestellt, die über viele Jahre Erfahrung in der Ausbildung und Prüfungsvorbereitung zum „Geprüften Fachwirt IHK" verfügen. Die vorliegende Zusammenfassung und die an Klausuren angelehnten Aufgaben werden von den Dozenten auch in ihren Unterrichtseinheiten verwendet und bilden somit eine fundamentale Grundlage für Ihre persönliche Prüfungsvorbereitung.

Anhand des Rahmenstoffplans des DIHK werden die einzelnen Kapitel nach Schwerpunkten zusammengefasst und mit zahlreichen Aufgaben ergänzt.

Selbstverständlich können nicht alle Inhalte des Unterrichtsfaches abgedeckt werden, dies ist auch nicht Sinn und Zweck dieses Buches. Es soll Ihnen helfen sich kompakt mit den Schwerpunkten des jeweiligen Faches auseinanderzusetzen und durch das Lösen der Aufgaben an Sicherheit zu gewinnen.

Für den Wirtschaftsbezogenen Teil der Prüfung finden Sie in der „Klausura-Reihe" unter www.klausura.de weitere Zusammenfassungen und Aufgaben zu folgenden Fächern:

- ✓ Volks und Betriebswirtschaft
- ✓ Rechnungswesen
- ✓ Recht und Steuern
- ✓ Unternehmensführung

Die Inhalte werden mit größtmöglicher Sorgfalt erstellt. Der Anbieter übernimmt jedoch keine Gewähr für die Richtigkeit, Vollständigkeit und Aktualität der bereitgestellten Inhalte.

Aus Gründen der Lesbarkeit wurde im Text die männliche Form gewählt, nichtsdestoweniger beziehen sich die Angaben auf Angehörige aller Geschlechter.

Die Inhalte und die Gliederung richten sich nach dem entsprechenden, aktuellen IHK-Rahmenplan.
Quelle: "IHK Die Weiterbildung" "Rahmenplan mit Lernzielen" DIHK-Verlag.

Inhaltsverzeichnis

VWL / BWL

1.1 Volkswirtschaftliche Grundlagen
1.1.1 Markt, Preis und Wettbewerb

In der volkswirtschaftlichen Betrachtungsweise wird zwischen einem vollkommenen und einem unvollkommenen Markt unterschieden.

Es handelt sich um einen vollkommenen Markt, wenn folgende Voraussetzungen in der Gänze erfüllt sind:

- polypolistische Struktur (viele Anbieter, viele Nachfrager)
- alle Produkte werden als gleichwertig betrachtet (gleiche Qualitätsstrukturen, gleiche Verpackung, gleiche Eigenschaften...)
- Anbieter und Nachfrager treffen am gleichen Ort und zeitgleich aufeinander
- es existieren keine Vorlieben (Bindung an bestimmte Verkäufer etc.) und Präferenzen
- es herrscht für alle Beteiligten eine allgemeine Markttransparenz über die Preise und die Qualität der einzelnen Produkte etc.

Liegt mindestens ein dieser o.a. Voraussetzungen nicht vor, handelt es sich um einen unvollkommenen Markt.

1.1.1.1 Preisbildung auf den unterschiedlichen Märkten
Marktformen

Polypol: viele Anbieter, viele Nachfrager, Beispiel: Anbieter: Bäckerei – Nachfrager: Verbraucher

Angebotsoligopol: wenige Anbieter, viele Nachfrager, Beispiel: Anbieter: Mineralölkonzerne ⇨ Benzin an Tankstellen – Nachfrager: Autofahrer

Nachfrageoligopol: viele Anbieter, wenige Nachfrager, Beispiel: Anbieter: vieler Hersteller von Sitzbezügen – Nachfrager: Automobilhersteller

Angebotsmonopol: ein Anbieter, viele Nachfrager, Beispiel: Anbieter: Staat (Müllabfuhr) – Nachfrager: Haushalte

Nachfragemonopol: viele Anbieter, ein Nachfrager, Beispiel: Nachfrager: Staat bei Straßenbau-Projekten – Anbieter: viele Unternehmen die im Straßenbau tätig sind

Preiselastizität

Die Preiselastizität der Nachfrage gibt an, wie sich die nachgefragte Menge bei einer Preisänderung verhält. Die Preiselastizität ist definiert: $\varepsilon = \frac{\text{prozentuale Mengenänderung}}{\text{prozentuale Preisänderung}}$.

Löst eine Preisänderung eine große Mengenänderung aus ($\varepsilon \geq 1$), so spricht man von einer elastischen Nachfrage. Ein Beispiel hierfür sind Markenartikel aller Art. Wenn aber eine Preisänderung keine große Mengenänderung nach sich zieht, handelt es sich um eine unelastische Nachfrage ($\varepsilon < 1$). Beispiele hierfür sind lebensnotwendige Medikamente oder Sammlerobjekte. Eine Kreuzpreiselastizität beschreibt die Empfindlichkeit der Nachfrage einer Ware auf Preisveränderungen.

<u>Nachfrage</u>

Die Nachfragekurve weist einen fallenden Verlauf von links oben nach rechts unten auf. Sie ist abhängig vom Marktpreis eines Produktes. Je höher der Preis, desto geringer ist die nachgefragte Menge und je niedriger der Preis, desto höher fällt die Nachfrage aus.

Kommt es zu einer Erhöhung der Nachfrage, ohne Marktpreisänderung (mehr Marktteilnehmer wollen das Produkt haben, weil es trendig ist), verschiebt sich die Nachfragekurve parallel nach rechts.

Umgekehrt verhält es sich bei einer Nachfragesenkung, ohne Marktpreisänderung (Einkommen sinkt, viele können sich das Produkt nicht mehr leisten), in diesem Fall verschiebt sich die Nachfragekurve parallel nach links.

Beeinflussung der Nachfrage:

- Preis des Gutes
- Preise der Substitutionsgüter
- Bedarf des Nachfragers
- Höhe des zur Verfügung stehenden Einkommens
- ...

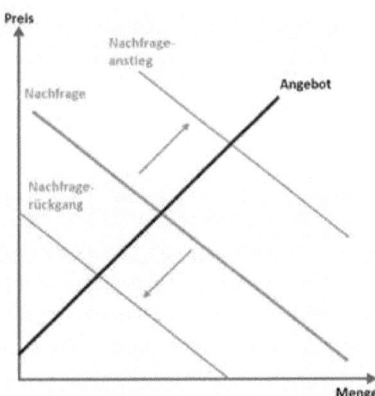

Die Angebotskurve weist einen steigenden Verlauf von links unten nach rechts oben auf. Sie ist ebenfalls abhängig vom Marktpreis eines Produktes. Je höher der Preis, desto größer ist das bereitgestellte Angebot, da viele Anbieter von den hohen Preisen profitieren wollen. Je niedriger der Preis, desto geringer fällt das Angebot aus.

Kommt es zu einer Erhöhung des Angebotes, bei gleichem Marktpreis (mehr Anbieter stellen das Produkt auf dem Markt zur Verfügung, weil sie sich hohe Renditen davon versprechen) verschiebt sich die Angebotskurve parallel nach rechts.

Umgekehrt verhält es sich bei einer Angebotssenkung, bei gleichem Marktpreis (Anbieter ziehen sich vom Markt zurück), in diesem Fall verschiebt sich die Angebotskurve parallel nach links.

Beeinflussung des Angebots:

- Preis des Gutes,
- Trendaussagen über das Produkt
- Kosten der Produktion des Gutes
- Anzahl der Anbieter auf dem Markt
- ...

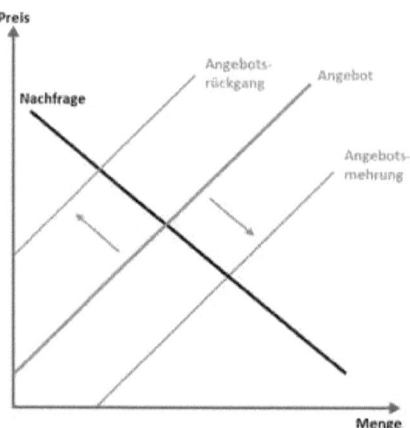

1.1.1.1.1 Marktgleichgewicht bei vollständiger Konkurrenz

Wenn sich Nachfragekurve und Angebotskurve schneiden, liegt ein Gleichgewichtspreis vor, bei dem der Nachfrager bereit ist für das angebotene Produkt den verlangten Preis zu bezahlen und der Anbieter bereit ist sein Produkt für den vereinbarten Preis zu verkaufen.

Käufermarkt: Angebotsüberschuss = Nachfragedefizit:

Aufgrund von hohen Preisen stellen die Anbieter hohe Mengen eines Gutes zur Verfügung (jeder Anbieter will seine Produkte zu hohen Preisen verkaufen), wobei die Nachfrager nicht bereit sind diesen hohen Preis zu bezahlen. Somit kommt es zu einem Käufermarkt, da hier der Kunde eine große Macht besitzt die Preise zu seinen Gunsten zu beeinflussen. Der Anbieter senkt den Preis, um höhere Stückzahlen verkaufen zu können.

<u>Verkäufermarkt</u>

Angebotsdefizit = Nachfrageüberschuss:

Existieren viele Nachfrager und ein geringes Angebot besteht ein sogennanter Verkäufermarkt, bei dem der Anbieter die preispolitische Machtposition innehat und somit die Preise zu seinen Gunsten verändern kann.

<u>Produzentenrente</u>

Eine Produzentenrente bezeichnet die Differenz zwischen dem Marktpreis, den der Anbieter mit dem Verkauf seiner Produkte erzielt und dem niedrigeren Preis, zu dem er bereit gewesen wäre seine Produkte zu verkaufen. Grafisch liegt die Produzentenrente unterhalb der Marktpreisgeraden und oberhalb der Angebotskurve.

<u>Konsumentenrente</u>

Die Konsumentenrente ist die Differenz zwischen dem Preis, den der Konsument bereit ist maximal für ein Produkt zu bezahlen und dem tatsächlichen Marktpreis. Grafisch gesehen ist es die Fläche unterhalb der Nachfragekurve und oberhalb der waagerechten Preisgerade.

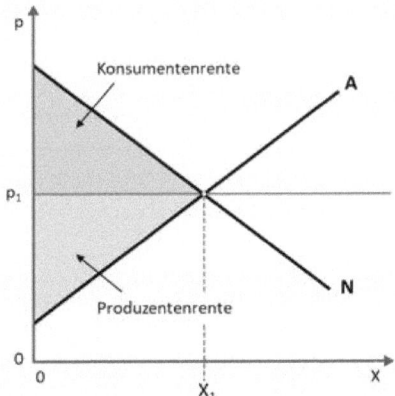

Funktionen des Marktpreises

Signal- Informationsfunktion: Durch den Marktpreis wird die Knappheit eines Gutes dargestellt. Preisveränderungen signalisieren eine Verschiebung der Knappheitssituation und erfordern damit eine Reaktion der Marktteilnehmer.

Allokations- Lenkungsfunktion: Der Marktpreis lenkt die Produktionsfaktoren (Arbeit, Boden und Kapital). Dadurch wird verhindert, dass nicht marktfähige Güter produziert werden, d.h. diese Funktion sorgt für den sinnvollen Einsatz knapper Ressourcen in Unternehmen.

Selektionsfunktion: Die Preise am Markt (Marktpreise) sorgen dafür, dass Unternehmen (Anbieter), die nicht wirtschaftlich arbeiten und Kunden (Nachfrager), die sich die Produkte nicht leisten können, am Markt verschwinden.

Ausgleichsfunktion: Der Marktpreis sorgt für ein Gleichgewicht (Ausgleich) zwischen Angebot und Nachfrage.

Marktpreisveränderungen bei Änderung des Angebots

Steigendes Angebot: Erhöht sich das Angebot (technischer Fortschritt in der Produktion) kommt es zu einer Rechtsverschiebung der Angebotskurve und somit automatisch zu niedrigeren Marktpreisen, da bei gleicher Nachfrage mehr Artikel zur Verfügung stehen, was eine Preisreduzierung nach sich zieht.

Sinkendes Angebot: Sinkt das Angebot (höhere Kosten in der Produktion) kommt es zu einer Links-verschiebung der Angebotskurve und somit automatisch zu höheren Marktpreisen, da bei gleicher Nachfrage weniger Artikel zur Verfügung stehen, was einen Preisanstieg bedeutet.

Marktpreisveränderungen bei Änderung der Nachfrage

Steigende Nachfrage: Erhöht sich die Nachfrage (höheres Einkommen der Konsumenten) kommt es zu einer Rechtsverschiebung der Nachfragekurve und somit automatisch zu höheren Marktpreisen, da bei gleichem Angebot mehr Artikel nachgefragt werden, was eine Preissteigerung nach sich zieht.

Sinkende Nachfrage: Sinkt die Nachfrage (geringeres Einkommen der Konsumenten) kommt es zu einer Linksverschiebung der Nachfragekurve und somit automatisch zu niedrigeren Marktpreisen, da bei gleichem Angebot weniger Artikel nachgefragt werden, was eine Preisreduzierung bedeutet.

1.1.1.1.2 Preisbildung bei unvollständiger Konkurrenz
Polypol

Es gibt kaum Möglichkeiten selbständig Preise zu verändern, da großer Wettbewerb vorhanden. Es besteht eher die Verpflichtung Preise an den Wettbewerber anzupassen. Durch Angebot und Nachfrage kommt es in der Regel zu einem Gleichgewichtspreis.

Angebotsoligopol

Für den Anbieter besteht nur die Möglichkeit durch eine aggressive Preispolitik einen der wenigen weiteren Anbieter aus dem Markt zu drängen. Sollte der Anbieter die Preise anheben, läuft er Gefahr Kunden an die anderen wenigen Anbieter zu verlieren.

Nachfrageoligopol

Durch die Situation, dass viele Anbieter, aber nur wenige Nachfrager vorhanden sind, gibt es für eine Preiserhöhung seitens der Anbieter kaum Spielraum, da ansonsten die Gefahr besteht, sich aus dem Markt zu katapultieren. Eine Preissenkung hingegen führt zu einem knallharten Verdrängungswettbewerb unter den Anbietern. Die Nachfrager hingegen können die Preise drücken, da viele Anbieter ihre Waren auf dem Markt zur Verfügung stellen.

Angebotsmonopol

Als einziger Anbieter kann der Monopolist den Preis bestimmen. Preispolitischer Spielraum ist gegeben, sollte aber nicht übertrieben werden, da ansonsten die Gefahr besteht, dass ein weiterer Anbieter aus dem In- oder Ausland den Markt betritt. Weiterhin ist zu berücksichtigen, dass die Kaufkraft der Kunden nicht unbegrenzt ist.

Nachfragemonopol

Keine preispolitischen Maßnahmen bezüglich des Kunden möglich, eher noch der Druck Preise senken zu müssen, um einen Auftrag zu bekommen. Hinsichtlich der Preisgestaltung gegenüber den anderen Anbietern (Wettbewerbern) sind drastische Preisreduzierungen, um den Wettbewerber aus dem Markt zu drängen, an der Tagesordnung.

1.1.1.2 Wettbewerbspolitik
Innerhalb der Wettbewerbspolitik bestimmen zwei rechtliche Grundlagen maßgeblich das Zusammenspiel auf den Märkten. Das UWG (Gesetz gegen unlauteren Wettbewerb) verfolgt das Ziel einen fairen und ausgeglichenen Wettbewerb zu schaffen und das GWG (Gesetz gegen Wettbewerbsbeschränkungen, Kartellgesetz) verbietet kartellähnliche Zusammenschlüsse (Preiskartell, Submissionskartell, Quotenkartell, Gebietskartell...) und Absprachen zwischen den einzelnen Parteien.

Erlaubt ist beispielsweise ein Mittelstandskartell (kleiner und mittlere Unternehmen, mit geringer Marktmacht vereinbaren eine gemeinsame Zusammenarbeit auf verschiedenen Ebenen).

1.1.1.2.1 Funktionen des Wettbewerbs

Auslesefunktion: Der Wettbewerb sorgt dafür, dass nur die leistungsstärksten Anbieter sich durchsetzen. Gleiches gilt für die Nachfrageseite, d.h. es treten nur die Nachfrager auf, die bereit sind den geforderten Preis zu zahlen oder anders ausgedrückt, es nehmen nur diejenigen am Marktgeschehen teil, die sich das Produkt zu dem angebotenen Preis leisten können.

Kontrollfunktion: Der Wettbewerb bedingt, dass sich Anbieter untereinander kontrollieren (jeder Anbieter beobachtet die Leistung seines Konkurrenten).

Anreizfunktion: Um besser zu sein als der Wettbewerb muss der Anbieter entweder einen USP (Alleinstellungsmerkmal) besitzen oder seine Produkte und Dienstleistungen ständig optimieren.

1.1.1.2.2 Ziele und Instrumente der Wettbewerbspolitik

Ziele der Wettbewerbspolitik sind u.a. der freie Zugang zu allen Märkten oder der Abbau von Handelshemmnissen. Hierfür stehen folgende Instrumente zur Verfügung:

- Bundeskartellamt
- Europäische Kommission
- GWB (Fusionskontrolle §35 GWB, Ministererlaubnis §42 GWB)

1.1.1.3 Eingriffe des Staates in die Preisbildung
1.1.1.3.1 Indirekte Maßnahmen

Zu den indirekten Eingriffsmaßnahmen des Staates zählen unter anderem:

- Subventionen: Subventionen sind Unterstützungen (Zuschüsse) des Staates für Unternehmen, ohne von diesen eine Gegenleistung zu verlangen. Diese Zuschüsse dienen der Förderung der Wirtschaft. Beispiele für Subventionen sind Steuervergünstigungen, Erlaubnis zum Verkauf unterhalb der Produktionskosten oder situationsbedingte Zuschüsse (Kohlepfennig).
- Zölle: Eine Senkung der Einfuhrzölle führt zu einem höheren Warenangebot, da mehr Waren aus dem Ausland angeboten werden, was wiederum einen Preisanstieg im Inland vermeidet. Eine Erhöhung der Einfuhrzölle oder der Beschluss Einfuhrzölle überhaupt einzuführen, bewirkt genau das Gegenteil.
- Mengenregulierungen: Mengenregulierungen (Einfuhrverbote) dienen dazu die einheimischen Produkte vor Wettbewerb aus dem Ausland zu schützen oder das Angebot im Inland künstlich zu verknappen.

- Verbrauchssteuer: Durch die Erhöhung der Verbrauchssteuer werden einzelne Produkte teurer (Zigaretten), was das Kaufverhalten der Konsumenten beeinflusst (weniger Raucher, weniger Kranke). Nachteilig wirkt sich bei den Verbrauchssteuern aus, dass die Staatseinnahmen sinken.

1.1.1.3.2 Direkte Maßnahmen

Bei marktkonträren (direkten) Maßnahmen greift der Staat unmittelbar in die Marktpreisbildung ein. Er setzt Preisobergrenzen (Höchstpreis) oder Preisuntergrenzen (Mindestpreis) direkt fest.

Eine vom Staat festgelegte Preisuntergrenze, die nicht unterschritten werden darf, wird als Mindestpreis bezeichnet. Dieser Mindestpreis liegt oberhalb des sich eigentlich bildenden Gleichgewichtspreises. Ziel dieses Mindestpreises ist es dem Anbieter ein gewisses Maß an Einnahmen zu garantieren und ihn zu schützen. Aber durch eben diese Mindestpreispolitik wird der Anbieter den Markt mit seinen Artikeln „überschwemmen" und einen Angebotsüberhang erzeugen. Ein Beispiel für den Mindestpreis ist der 2015 eingeführte Mindestlohn.

Die Gefahr bei der Mindestpreispolitik liegt in der Entstehung von sogenannten „grauen Märkten", in denen die Mehrproduktion unter dem festgelegten Mindestpreis gehandelt wird. Zum Schutz der Nachfrager kann der Staat einen sogenannten Höchstpreis festsetzen. Hierbei handelt es sich um einen Marktpreis, der nicht überschritten werden darf und unterhalb des sich normalerweise bildenden Gleichgewichtspreises liegt. Ein Beispiel für die Höchstpreispolitik ist der soziale Wohnungsbau.

Die Problematik der Höchstpreispolitik liegt in der Entstehung von „Schwarzmärkten", in denen die Güter zu einem höheren Preis verkauft werden, als es die Höchstpreispolitik vorsieht. Somit werden die staatlichen Maßnahmen konterkariert.

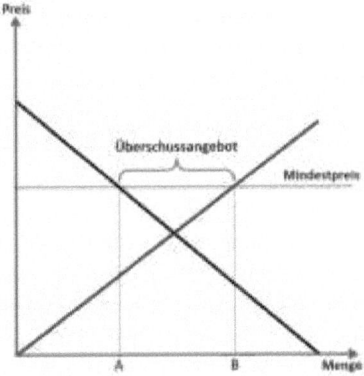

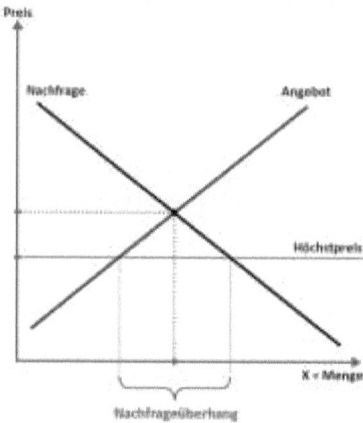

1.1.2 Volkswirtschaftliche Gesamtrechnung

Wirtschaftskreislauf

Die in einem Wirtschaftskreislauf vorhandenen Sektoren lauten: Staat, Unternehmen, private Haushalte, Banken und Ausland. Der Kreislauf wird durch folgende Prozesse dynamisiert.

Die Unternehmen und die privaten Haushalte zahlen an den Staat Steuern und legen Gelder zum Sparen bei der Bank an. Die Bank wiederum stellt Investitionskredite für die Unternehmen und Privatkredite für die privaten Haushalte zur Verfügung. Die privaten Haushalte erhalten das sogenannte Faktoreinkommen vom Staat (Beamte) oder von Unternehmen im In- und Ausland (Angestellte).

Zwischen dem Ausland und den Unternehmen laufen zahlreiche Import- Exportgeschäfte. Der Staat leistet an die privaten Haushalte sogenannte Transferleistungen (Arbeitslosengeld, Sozialleistungen ...) und unterstützt Unternehmen durch Subventionen.

1.1.2.1 Bruttoinlandsprodukt und Bruttonationaleinkommen

Bruttoinlandsprodukt

Das Bruttoinlandsprodukt (BIP) errechnet die Euro-Werte der Güter und Dienstleistungen, die innerhalb einer Periode, meistens ein Jahr, im Inland produziert worden sind (Inlandskonzept). Dieses Inlandskonzept basiert auf der Erfassung aller im Inland (geografische Grenze) produzierten Güter und Dienstleistungen, unabhängig, ob der Wohnsitz des Leistungserbringers im In- oder Ausland liegt. Wichtig ist, dass es zu keinen Doppelzählungen kommt, d.h. die Vorleistung [Produktionsleistungen der vorgelagerten

Produktionsstufe (vertikale Produktionsstufe)] muss von der Gesamtleistung abgezogen werden.

Nominales BIP: Basis sind die Marktpreise, Veränderungen zur Vorperiode können aus Abweichungen des Preises und oder der Menge herrühren.

Reales BIP: Basis ist ein festgelegtes Jahr, welches als Bezugsjahr herangezogen wird. Hierbei wird die Veränderung zum Bezugsjahr in Prozent gemessen.

Bruttonationaleinkommen

Im Gegensatz dazu basiert das Bruttonationaleinkommen (BNE) auf dem sogenannten Inländerkonzept, d.h. es wird die Wirtschaftsleistung gemessen, die von natürlichen Personen mit ständigem Wohnsitz im Inland erbracht werden. Hierbei spielt es keine Rolle, ob die Leistung im In- oder Ausland erzielt wurde.

Nominales BNE: Basis sind die Marktpreise, Veränderungen zur Vorperiode können aus Abweichungen des Preises und oder der Menge herrühren.

Reales BNE: Basis ist ein festgelegtes Jahr, welches als Bezugsjahr herangezogen wird. Hierbei wird die Veränderung zum Bezugsjahr in Prozent gemessen.

Arten der Ermittlung des BIP

Entstehungsrechnung: Die Entstehungsrechnung analysiert wo die Wirtschaftsleistung eines Landes entstanden ist. Diese stammt entweder von Unternehmen (produzierte Güter und Dienstleistungen zu Marktpreisen), vom Staat (Dienstleistungen für die Allgemeinheit, basierend auf den Kosten der Produktionsfaktoren, die dafür aufgewandt wurden) und von privaten Haushalten (hier werden Eigenleistungen nicht berücksichtigt). Die Entstehungsrechnung betrachtet das Ganze aus Sicht der Produzenten.

Verwendungsrechnung: Die Verwendungsrechnung beschäftigt sich mit der Frage: Wofür wurde die erbrachte Leistung verwendet? Diese erbrachten Leistungen können entweder konsumiert, investiert oder exportiert werden.

Verteilungsrechnung: Die Verteilungsrechnung stellt einen zusätzlichen Weg dar das BIP, bzw. das BNE zu berechnen. Hierbei geht es nicht um die Leistung (Güter und Dienstleistungen), die in der entsprechenden Periode erbracht wurde, sondern um die Einkommensseite, d.h. um die im Inland entstandenen Einkommen oder um die von Inländern empfangenen Einkommen, die diese aus ihrer Tätigkeit zur Produktionserstellung beziehen.

1.1.2.2 Primär- und Sekundärverteilung des Volkseinkommens

Primär-Einkommen = eigentlicher Verdienst (brutto); Sekundär-Einkommen = nach Umverteilung [+ Sozialleistungen - Abzüge (netto)]. Zur Primärverteilung (Leistungsprinzip) gehören die Lohn- und Gewinnquote und das Pro-Kopf-Einkommen. Die Sekundärverteilung bezieht sich auf das verfügbare Einkommen und soll eine gerechte Verteilung des Einkommens bewirken.

1.1.2.2.1 Lohn- und Gewinnquote

Volkseinkommen

Das Volkseinkommen ist die Summe der Einkommen aus nicht selbstständiger Arbeit (Arbeitnehmerentgelt), Unternehmenseinkommen (inklusive Einkommen aus der Tätigkeit als Freiberufler) und Vermögenseinkommen (Kapitalerträge, Erträge aus Mieten und Pachten).

Lohnquote

Lohnquote: Die Lohnquote beschreibt das Verhältnis des Entgeltes der Arbeitnehmer (AN) zum Volkseinkommen und gilt als Indikator für die Einkommensverteilung.

$$Lohnquote = \frac{Entgelt\ des\ AN}{Volkseinkommen} * 100$$

Gewinnquote

Gewinnquote: Die Gewinnquote stellt den Anteil des Gewinneinkommens zum Volkseinkommen dar. Unter Gewinneinkommen versteht man den Gewinn, der von Unternehmen, von Freiberuflern und als Zinseinnahme aus Mieten und Pachten erzielt wird.

$$Gewinnquote = \frac{Gewinneinkommen}{Volkseinkommen} * 100$$

1.1.2.2.2 Einkommensumverteilung

Durch die ungleiche Verteilung beim Primäreinkommen greift der Staat ein und stellt den weniger starken Leistungsempfängern Hilfe zur Seite (ALG I und ALG II). Bei der Einkommensumverteilung nach der Sekundärverteilung orientiert sich der Staat an der Bedarfsquote.

Der Staat besitzt zwei Möglichkeiten in die Einkommensverteilung einzugreifen. Einmal über die Primärverteilung, indem er für die Menschen, die keine Leistung am Markt erbringen können, Unterstützungen vorsieht (Arbeitslosengeld) und ein anderes Mal über die Sekundärverteilung, bei der der Staat die Möglichkeit hat Menschen mit hohen Einkommen anders zu besteuern, als Menschen mit geringem Einkommen.

1.1.2.2.3 Verfügbares Einkommen

Das verfügbare Einkommen errechnet sich als Primäreinkommen der privaten Haushalte, abzüglich der direkten Steuern, der Sozialversicherungsbeiträge und zuzüglich der Transferzahlungen des Staates.

Das verfügbare Einkommen kann der Konsument entweder sparen oder ausgeben, beispielsweise für Produktionsgüter, die Unternehmen herstellen.

1.1.3 Konjunktur und Wirtschaftswachstum

Der Konjunkturzyklus besteht aus folgenden Phasen:

- Erholungsphase (Aufschwung)
- Boom-Phase
- Rezessionsphase
- Depressionsphase

Als Konjunkturindikatoren gelten: Zahl der Auftragseingänge, Entwicklung der Arbeitslosenquote, Entwicklung des Preisniveaus...

1.1.3.1 Ziele der Stabilitätspolitik

1.1.3.1.1 Magische Viereck (Stabilitätsgesetz)

Das magische Viereck, auch Stabilitätsgesetz von 1967 genannt, soll das gesamtwirtschaftliche Gleichgewicht darstellen.

Hierunter fallen:

- Stabilität des Preises
- hoher Beschäftigungsgrad (Vollbeschäftigung)
- außenwirtschaftliches Gleichgewicht
- angemessenes Wirtschaftswachstum

Da alle vier Stabilitätskriterien nicht gleichzeitig zu erreichen sind, spricht man von einem „magischen Viereck". So ist beispielsweise Vollbeschäftigung und ein stabiles Preisniveau nicht gemeinsam umsetzbar. Bei Vollbeschäftigung wird die Nachfrage steigen, damit steigen auch die Preise.

Die Komponenten des magischen Vierecks werden durch die Ökologiekomponente und die sozialgerechte Einkommensverteilung „zum magischen Sechseck" ergänzt.

1.1.3.1.2 Vollbeschäftigung - Arbeitslosigkeit

In Deutschland gilt jemand als arbeitslos, wenn er nicht mehr als 14h/Woche arbeitet, sich arbeitslos gemeldet hat, eine Stelle (>15h/Woche) sucht oder dem Arbeitsmarkt zur Verfügung steht, d.h. die Stelle sofort antreten kann.

Arbeitslosenquote

Die Arbeitslosenquote ist wie folgt definiert:

$$\text{Arbeitslosenquote} = \frac{\text{registrierte Arbeitslose}}{\text{Summe der Erwerbstätigen}} * 100$$

Vollbeschäftigung

In Deutschland wird von einer Vollbeschäftigung ausgegangen, wenn die Arbeitslosenquote unter 3,5% liegt. Die Zahl ändert sich regelmäßig und wird der konjunkturellen Entwicklung angepasst.

Offene und verdeckte Arbeitslosigkeit

Von einer offenen Arbeitslosigkeit spricht man, wenn alle Arbeitslosen statistisch registriert sind, d.h. der Arbeitslose hat sich bei der Agentur für Arbeit gemeldet und steht der Arbeitsvermittlung zur Verfügung.

Von einer verdeckten Arbeitslosigkeit spricht man, wenn sich Arbeitssuchende nicht bei der Agentur für Arbeit als arbeitslos melden oder sich in Qualifizierungs- oder Umschulungsmaßnahmen befinden.

Formen der Arbeitslosigkeit

Friktionelle Arbeitslosigkeit (kurzfristig): Wechselt der Arbeitnehmer die Stelle und es ist kein fließender Übertritt möglich oder findet er nach seiner Ausbildung nicht direkt eine Anschlussbeschäftigung, spricht man von einer friktionellen Arbeitslosigkeit.

Konjunkturelle Arbeitslosigkeit (mittelfristig): Verschlechtert sich die gesamtwirtschaftliche Lage sind Unternehmen oftmals gezwungen Mitarbeiter zu entlassen. Liegt der Grund für die Arbeitslosigkeit in der konjunkturellen Entwicklung, spricht man von einer konjunkturellen Arbeitslosigkeit.

Strukturelle Arbeitslosigkeit (langfristig): Im Zuge der technischen Entwicklung werden viele Arbeitnehmer durch Maschinen ersetzt, ebenso sind wirtschaftliche Veränderungen Schuld an einer entstehenden Arbeitslosigkeit, wenn beispielsweise ganze Branchen davon betroffen sind (Bergbau). Sind technologische und wirtschaftliche Veränderungen, wie beispielsweise durch die Globalisierung, der Grund für eine entstehende Arbeitslosigkeit, spricht man von einer strukturellen Arbeitslosigkeit. Strukturelle Arbeitslosigkeit fasst unterschiedliche Typen von Arbeitslosigkeit zusammen.

- *sektorale Arbeitslosigkeit:* auf Grund des Wettbewerbs werden Produktionsbereiche aufgelöst oder ins Ausland verlagert
- *regionale Arbeitslosigkeit:* fehlende Kaufkraft in strukturschwachen Regionen

- *technologische Arbeitslosigkeit:* Ersatz des Menschen durch Maschinen auf Grund der zunehmenden Automatisierung
- *qualifikationsspezifische Arbeitslosigkeit:* Anforderung der Stelle und Qualifikation des Arbeitslosen passen nicht zusammen
- *sozialrechtliche Arbeitslosigkeit:* hohes Arbeitslosengeld schafft keine Anreize zur Jobannahme

Saisonal bedingte Arbeitslosigkeit: Witterungsbedingte Anlässe (Dachdecker im Winter, Angestellte in Hotels in südlichen Regionen im Winter) führen zu einer saisonal bedingten Arbeitslosigkeit.

1.1.3.1.3 Preisniveaustabilität
Inflation

Ausschlaggebend für die Inflationsrate ist eine der Säulen des magischen Vierecks – das stabile Preisniveau. Solange sich das Ansteigen und Sinken der Preise von Gütern ausgleicht, spricht man von einer Preisstabilität.

Eine Inflation tritt dann auf, wenn das allgemeine Preisniveau steigt und damit der Wert des Geldes sinkt, d.h. man kann für einen Eurobetrag weniger kaufen, bzw. der Euro ist weniger wert als vorher. Zur Ermittlung der Inflationsrate wird ein Verbraucherpreisindex ermittelt, dem ein Warenkorb zugrunde liegt. Zu den Gütern des Warenkorbs, die monatlich erhoben werden, gehören: Strom, Wasser, Bus- und Bahntickets, Gelder für Dienstleistungen (Friseur), Bekleidung, Nahrungsmittel & Getränke etc. Die Preise für diese Güter und Dienstleistungen werden dann mit den Verbrauchsmengen multipliziert und zur Konsumsumme addiert. Jetzt wird die neue Konsumsumme mit der Konsumsumme aus dem Basisjahr verglichen. Daraus leitet sich ein Verbraucherpreisindex (VPI) ab, der jährlich ermittelt wird und die Basis für die Inflationsrate bildet.

Sollte sich der Verbraucherpreisindex um mehr als 2%, im Vergleich zum Vorjahr, erhöhen, spricht man von einer Inflation.

$$\text{Verbraucherpreisindex} = \frac{\text{Konsumsumme (p*q) des laufenden Jahres}}{\text{Konsumsumme (p*q) des Basisjahres}} * 100$$

$$\text{Inflationsrate} = \frac{\text{VPI des laufenden Jahres - VPI des Vorjahres}}{\text{VPI des Vorjahres}} * 100$$

Deflation

Unter Deflation versteht man den Rückgang des allgemeinen Preisniveaus, d.h. der umgekehrte Effekt der Inflation. Für einen Eurobetrag kann man nun mehr kaufen, der Euro ist mehr wert als vorher, d.h. Sinken der Preise und steigen der Kaufkraft.

Profiteure und Betroffene einer Inflation

Profiteure der Inflation:

- Banken: Schulden verlieren an Wert, hiervon profitieren vor allem die Banken, da sie selbst kaum Eigenkapital halten, sich aber Geld bei der Zentralbank leihen.
- Staat: Ist die Inflationsrate höher als der Zins mit dem sich der Staat Geld geliehen hat, entschuldet sich der Staat.
- Unternehmen: Liegen die Lohnsteigerungen unter der Inflationsrate sinken die realen Lohnkosten.

Betroffene der Inflation:

- Private Haushalte: Geld ist weniger wert, d.h. für die gleiche Summe kann weniger gekauft werden.
- Private Haushalte mit Spareinlagen: Sie sind von einer Inflation betroffen, da ihr erspartes Vermögen weniger wert ist.
- Immobilien und vor allem Sachwerte, wie Gemälde etc. bleiben von einer Inflation eher unbeeindruckt.

Profiteure und Betroffene einer Deflation

Profiteure der Deflation:

- Private Haushalte: Der Erwerb von Sachwerten und die Kosten für die Inanspruchnahme von Dienstleistungen nehmen ab.
- Rentner: Rentner können sich für das gleiche Geld mehr leisten, die Kaufkraft der Rente steigt.

Betroffene der Deflation:

- Staat: Lohneinbußen bei den privaten Haushalten und steigende Arbeitslosigkeit, als Folge der Deflation, führen zu sinkenden Staatseinnahmen und bei gleichen Staatsausgaben zu einer höheren Staatsverschuldung.
- Unternehmen: Ein sinkendes Preisniveau führt zwangsweise zu geringeren Umsätzen und bei gleichen Kosten zu weniger Gewinn, was wiederum dazu führen kann, dass Mitarbeiter entlassen werden müssen.

1.1.3.1.4 Außenwirtschaftliches Gleichgewicht

Das außenwirtschaftliche Gleichgewicht stellt ein Gleichgewicht für Leistungen, die vom Ausland empfangen wurden und Leistungen, die für das Ausland erbracht wurden dar. Maßgeblich für das außenwirtschaftliche Gleichgewicht ist die Leistungsbilanz, die sich als Teil der Zahlungsbilanz in vier Teilbilanzen untergliedert.

- Handelsbilanz (Import – Export)
- Dienstleistungsbilanz
- Bilanz für Primäreinkommen
- Bilanz für Sekundäreinkommen

Maßstab für das außenwirtschaftliche Gleichgewicht ist der Außenbeitrag (Differenz zwischen Handels- und Dienstleistungsbilanz). Liegt ein positiver Außenbeitrag vor, sind mehr Güter produziert, als verbraucht worden. Ist der Wert negativ wurde mehr verbraucht, als produziert.

1.1.3.1.5 Angemessenes und stetiges Wirtschaftswachstum

Ein stetiges Wirtschaftswachstum liegt vor, wenn die erbrachte wirtschaftliche Leistung, ohne außerordentliche Einflüsse ansteigt (BIP wächst pro Jahr um 2%).

1.1.3.1.6 Nachhaltige Ökologiepolitik

*Nachhaltige Lebensbedingungen für die nächsten Generationen erhalten, d.h. unter an*derem kontinuierliches Wachstum ohne Ausbeutung der Umwelt. Über die umweltökonomische Gesamtrechnung werden die Wechselwirkungen zwischen Natur und Wirtschaft erfasst (Welche Auswirkungen hat die Wirtschaft auf die Umwelt?).

1.1.3.1.7 Sozialgerechte Einkommensverteilung

Was ist gerecht? Auf die Frage, wie sich Einkommen verteilt, gibt es keine allgemeingültige Antwort. Sie hängt immer von der Sicht des Betrachters ab. Die Einkommensverteilung kann nach zwei Prinzipien durchgeführt werden, dem Leistungsprinzip (Einkommen wird nur nach Leistung verteilt) und dem Bedarfsprinzip (Verteilung des Einkommens nach dem Grad des Bedarfs).

1.1.3.1.8 Zielkonflikte

Wirtschaftswachstum und Ökologie: Wirtschaftswachstum belastet die Umwelt.

Wirtschaftswachstum und Preisniveaustabilität: Wirtschaftswachstum bedingt Preiserhöhungen.

Wirtschaftswachstum und gerechte Einkommensverteilung: weniger Anreiz Leistungen zu erbringen, wenn die Leistung höher besteuert wird und das erzielte Einkommen umverteilt wird.

1.1.3.2 Wirtschaftspolitische Maßnahmen und Konzeptionen
1.1.3.2.1 Geldpolitik (Währungspolitik)

Aufgaben und Ziele der EZB bei der Geldpolitik

- Stabilisierung des europäischen Finanzsystems
- Geldversorgung im Euroraum
- Stabilität des Preisniveaus im Euroraum
- Überwachung des nationalen und internationalen Zahlungsverkehrs

Zwei-Säulen-Strategie der EZB

Das Hauptziel der EZB ist die Stabilisierung des Preisniveaus in der Euro-Zone. Dieses Ziel gilt als erfüllt, wenn der Verbraucherpreisindex nicht stärker als 2% steigt, was sowohl eine Inflation, als auch eine Deflation vermeidet.

Unter der „Zwei-Säulen-Strategie" der EZB werden die Steuerung der Geldmenge (4,5% Wachstum jährlich) und die Steuerung der Inflationsrate (< 2%) verstanden.

Zwei geldpolitische Instrumente der EZB sind beispielsweise Zinsänderungen oder Liquiditätsmaßnahmen. Senkt die EZB die Zinsen führt das zu einer Steigerung der Nachfrage nach Krediten, was wiederum zu einem Anstieg der Geldmenge führt. Hebt die EZB die Zinsen an, bewirkt dies den gegenteiligen Effekt. Wird seitens der EZB dem Markt Liquidität zugeführt (Ankauf von Wertpapieren am offenen Markt), verursacht dies eine Erhöhung des Kreditangebots und damit eine Zinssenkung sowie eine Erhöhung der Kreditnachfrage. Vermindert die EZB die Liquiditätszufuhr (Verkauf von Wertpapieren am offenen Markt) entsteht die gegenteilige Wirkung.

Die Offenmarktpolitik, die ständigen Fazilitäten und die Mindestreservepolitik sind drei der wichtigsten geldpolitischen Instrumente der EZB.

1.1.3.2.1.1 Offenmarktpolitik
Geldpolitische Instrumente der Offenmarktpolitik zur Stabilisierung des Preisniveaus

Hauptrefinanzierungsgeschäfte: Banken beschaffen sich wöchentlich Geld, mit 14-tägiger Laufzeit, bei der EZB und müssen dafür Wertpapiere als Sicherheit hinterlegen sowie einen Zins für das geliehene Geld bezahlen. Dieser Zinssatz ist der sogenannte Leitzins, der Referenzzinssatz, an dem sich alle weiteren Zinsen der Geschäftsbanken orientieren.

Längerfristige Refinanzierungsgeschäfte: Ähnliche Struktur wie bei den Hauptrefinanzierungsgeschäften, lediglich die Laufzeit wird verlängert. Die EZB bietet den Geschäftsbanken, im monatlichen Rhythmus, Geld mit einer Laufzeit von drei Monaten an.

Feinsteuerungsoperationen: Feinsteuerungsoperationen werden eingesetzt, um unerwarteten Liquiditätsschwankungen der Banken entgegenzuwirken. Somit sollen starke Zinsausschläge am Geldmarkt verhindert werden. Diese Maßnahmen werden meistens dann eingesetzt, wenn es zu starken Schwankungen der Einlagenhöhe bei Geschäftsbanken auf Girokonten der privaten Haushalte und oder der Unternehmen kommt.

Strukturelle Operationen: Strukturelle Operationen sollen die Abhängigkeit der Liquidität von Geschäftsbanken im Euroraum von der EZB manifestieren, d.h. die Abhängigkeit der Banken von den Refinanzierungsgeschäften sichern. Die EZB kann nur dann Einfluss auf das Zinsniveau, innerhalb der Europäischen Union ausüben, wenn die Banken Kredite bei der EZB aufnehmen müssen.

1.1.3.2.1.2 Ständige Fazilitäten

Die EZB bietet den Geschäftsbanken an, innerhalb eines Zeitrahmens von einem Tag (24h), sich einerseits Geld zu leihen (Spitzenrefinanzierungsfazilität) und andererseits Geld als Guthaben anzulegen (Einlagefazilität). Diese Geschäfte müssen nicht separat angemeldet werden.

Wenn am Ende des Tages das Konto der Geschäftsbank bei der EZB ein Minus aufweist, wird automatisch die Spitzenrefinanzierungsfazilität in Gang gesetzt. Ähnlich verhält es sich bei Guthaben auf dem Geschäftskonto der Banken bei der EZB, nur wird nun die Einlagefazilität aktiviert.

1.1.3.2.1.3 Mindestreservepolitik

Die Mindestreservepolitik verpflichtet die Geschäftsbanken einen prozentualen Anteil der Kundeneinlagen als Mindestbetrag bei der EZB zu halten (hinterlegen). Je höher die Mindestreservesätze sind, umso weniger Geld steht den Banken für ihre Geschäfte zur Verfügung und umgekehrt.

1.1.3.2.1.4 Leitzins

Der Leitzins ist der Refinanzierungszinssatz, zu dem sich europäische Geschäftsbanken Geld bei der EZB leihen können. Eine Senkung des Leitzinssatzes hat eine Ankurblung der Wirtschaft im Euroraum zur Folge. Senkt die EZB die Zinsen führt das zu einer Steigerung der Nachfrage nach Krediten, was wiederum zu einem Anstieg der Geldmenge führt. Hebt die EZB die Zinsen an, bewirkt dies das Gegenteil.

1.1.3.2.1.5 Grenzen der Geldpolitik

Grenzen der europäischen Geldpolitik:

- durch die internationalen Zusammenhänge haben geldpolitische Entscheidungen aus China oder von der Federal Reserve Bank (amerikanische Notenbank) auch unmittelbar Einfluss auf die Geldpolitik und damit auf die Preisstabilität im Euroraum
- hohe Tarifabschlüsse können zur Inflation führen und somit starken Einfluss auf die Geldpolitik ausüben
- Leitzinssenkungen oder Leitzinserhöhungen beeinflussen in erster Linie die Geschäftsbanken, ohne zu wissen, ob und wann diese Veränderungen an die Unternehmen und privaten Haushalte weitergegeben werden
- fehlt die Abstimmung der nationalen Finanzsysteme mit der EZB, kann dies zu Störungen in der europäischen Geldpolitik führen

1.1.3.2.2 Finanzpolitik
Aufgaben und Ziele der Finanzpolitik

- Beschaffung von Einnahmen zur Finanzierung öffentlicher Maßnahmen, Haupteinnahmequelle des Staates sind die Steuereinnahmen
- gerechtere Einkommensverteilung: durch unterschiedliche Höhen von Steuersätzen und Sozialversicherungsbeiträgen sollen ungleiche Einkommensverteilungen ausgeglichen werden
- antizyklische Fiskalpolitik: In Boom-Phasen soll die Fiskalpolitik eher restriktiv betrieben werden, d.h. Ausgaben sollen gesenkt und Einnahmen gesteigert werden. In Phasen einer Rezession soll eine expansive Finanzpolitik (Ausgaben steigern und Einnahmen senken) dazu führen die Wirtschaft anzukurbeln
- ...

Staatsverschuldung

Die Staatsverschuldung ist in den Jahren 2013 – 2016 gestiegen, weil außergewöhnliche Maßnahmen zu einer höheren Aufnahme von Krediten geführt haben.

Hierzu zählten:

- Rettung inländischer Banken (Commerzbank) im Zuge der Bankenkrise
- Griechenlandhilfe im Zuge der europäischen Wirtschaftskrise
- Konjunkturprogramme zur Stabilisierung der eigenen Wirtschaft (Abwrackprämie in 2009)
- Hilfe bei eingetretenen Naturkatastrophen (Hochwasser in Bayern)
- ...

Volkswirtschaftliche Folgen einer steigenden Staatsverschuldung könnten dazu führen, dass für gesellschaftliche und soziale Projekte (Kindergärten, Ausbau der Infrastruktur etc.) keine Gelder vorhanden sind.

Weiterhin kann bei einem Verstoß gegen die Maastricht-Kriterien (Festlegung einer Schuldenobergrenze) ein kostspieliges Strafverfahren gegen den jeweiligen Staat eingeleitet werden.

1.1.3.2.3 Wachstumspolitik
Aufgaben und Ziele der Wachstumspolitik

- Förderung des Wirtschaftswachstums aus quantitativer Sicht (Erhöhung des realen BIPs, Erhöhung des Einkommens der Haushalte)
- Förderung des Wirtschaftswachstums aus qualitativer Sicht (Verbesserung der Lebensqualität durch Steigerung der Sicherheit, Schonung der Umwelt oder Erhöhung des Gesundheitsangebotes etc.)
- ...

1.1.3.2.4 Tarifpolitik
Aufgaben und Ziele der Tarifpolitik

- Verhandlungen zwischen Arbeitgeber und Arbeitnehmerseite über Lohnerhöhungen (je höher der Lohn, desto höher die Ausgaben, die die Wirtschaft ankurbeln ⇨ Kaufkrafttheorie)
- verbesserte berufliche Situationen für die Berufstätigen (Einkommensgarantien durch Laufzeit der Verträge ...)
- ...

1.1.3.2.5 Arbeitsmarktpolitik
Aufgaben und Ziele der Arbeitsmarktpolitik

- sozialverträgliche Situation auf dem Arbeitsmarkt
- Einhaltung von Mindeststandards (Kündigungsfristen, Arbeitsschutz...)
- Unterstützung bei der Jobsuche durch die Agentur für Arbeit
- Schaffung von Arbeitsplätzen durch gezielte Maßnahmen (Entlastung der Unternehmen...)
- ...

1.1.3.2.6 Umweltpolitik
Aufgaben der Umweltpolitik

- Vorsorgeprinzip: Vermeidung von Umweltschäden
- Verursacherprinzip: es trägt derjenige die Kosten, der für die Umweltbelastungen verantwortlich ist
- Nachhaltigkeitsprinzip: hohe Umweltqualität für die nachfolgenden Generationen hinterlassen
- sparsame Nutzung der nicht erneuerbaren Energien
- Verwendung von ökologisch abbaubaren Stoffen
- breite Aufklärung und Information für die Bevölkerung
- Umweltabgaben von Unternehmen verlangen, die die Umwelt stark belasten
- ...

1.1.3.2.7 Nachfrage- und angebotsorientierte Wirtschaftspolitik
Nachfrageorientierte Wirtschaftspolitik

Ansatz von John Maynard Keynes: Erhöhung der Nachfrage durch Konsumsteigerung.

Maßnahmen:

- höhere staatliche Zuschüsse
- Lohnsteigerungen
- Erhöhung der öffentlichen Ausgaben zur Steigerung des öffentlichen Konsums
- mehr staatliche Eingriffe

Angebotsorientierte Wirtschaftspolitik

Ansatz von Milton Friedman: Stärkung des Angebots, durch Produktionsverbesserungen, Steuerung der Geldmenge

Maßnahmen:

- Senkung der Kosten zur Steigerung der Gewinne der Unternehmer
- Maßnahmen zur Förderung von Investitionen
- Abbau von Subventionen
- weniger Eingriff des Staates

1.1.4 Außenwirtschaft

Alle wirtschaftlichen Aktivitäten zwischen den einzelnen Wirtschaftsobjekten des Inlandes mit den verschiedenen Wirtschaftsobjekten des Auslandes bezeichnet man als Außenwirtschaft.

1.1.4.1 Freihandel und Protektionismus

Freihandel

Beim Freihandel erfolgt ein freier, unbeschränkter Zugang zu den jeweiligen Märkten. Der Staat verzichtet auf jegliche Einflussnahme wie Zölle oder sonstige Reglementierungen.

Vorteile des Freihandels sind:

- freier Wettbewerb (der Bessere gewinnt)
- vielfältiges Angebot von Gütern und Dienstleistungen
- Unternehmen bieten weltweit ihre Waren an

Nachteile des Freihandels sind:

- Entstehung von Monokulturen möglich
- Verdrängung von leistungsschwachen Unternehmen, was für die Mitarbeiter zum Verlust des Arbeitsplatzes führt
- Entwicklungsländer haben weniger Chancen
- Abhängigkeit vom Ausland wächst

Protektionismus

Zum Schutz der inländischen Wirtschaft ergreifen Staaten zahlreiche Maßnahmen, um ausländische Handelspartner auf dem inländischen Markt zu benachteiligen. Hierbei werden tarifäre Handelshemmnisse, die sich eher an preispolitischen Maßnahmen orientieren und nicht tarifäre Handelshemmnisse, die sich hauptsächlich mit Mengenbeschränkungen beschäftigen, unterschieden.

Zu den tarifären Handelshemmnissen gehören Subventionen und Importzölle, wohingegen nicht tarifäre Handelshemmnisse auf Importkontingente, Ein- und Ausfuhrverbote oder Sicherheitsstandards bei der Einfuhr von Produkten abzielen.

Vorteile des Protektionismus sind:

- Schutz der einheimischen Wirtschaft
- zusätzliche Einnahmen durch Zölle für den Staat
- Steigerung der einheimischen Wirtschaftskraft ⇨ sichere Arbeitsplätze
- Steigerung der einheimischen Wirtschaftskraft ⇨ mehr Investitionen ⇨ mehr Wirtschaftswachstum

Nachteile des Freihandels sind:

- wirtschaftlich schwächere Länder, die vom Export leben, werden benachteiligt
- Behinderung von innovativen Entwicklungen
- möglicherweise höhere Preise für die Verbraucher, da ausländische Wettbewerber ihre preisgünstigeren Produkte nicht oder nur noch teurer auf dem inländischen Markt anbieten können
- innerbetriebliche Wettbewerbsnachteile der inländischen Unternehmen werden nicht erkannt, bzw. nicht behoben

Embargo

Wird der außenwirtschaftliche Verkehr (Außenhandel) durch politische Anordnungen in Form von Finanz- und Wirtschaftssanktionen beschränkt, spricht man von einem Embargo. Meist spielen sicherheitspolitische Maßnahmen hierbei eine wichtige Rolle.

1.1.4.2 Besonderheiten der EU
Europäischer Binnenmarkt

Unter einem „Europäischer Binnenmarkt" versteht man einen europäischen Wirtschaftsraum ohne Grenzen. Der Europäische Binnenmarkt muss die sogenannten vier Freiheiten erfüllen.

Personenverkehrsfreiheit: Keine Grenzkontrollen (Schengener Abkommen), allen EU-Bürgern wird das Recht eingeräumt, sich in jedem Land der EU frei zu bewegen, einen Beruf auszuüben und dort zu leben.

Warenverkehrsfreiheit: Freier Austausch von Waren aller Art ohne Zölle oder sonstiger reglementierender Maßnahmen eines Mitgliedlandes.

Dienstleistungsfreiheit: Die angebotenen Dienstleistungen von Unternehmen können überall in der EU in Anspruch genommen werden, unabhängig aus welchem Mitgliedsstaat sie kommen.

Kapitalverkehrsfreiheit: Kapitalflüsse innerhalb der Mitgliedsstaaten unterliegen keiner Restriktion. Öffnung der Finanzmärkte, Erleichterung im Zahlungsverkehr durch die Schaffung einheitlicher Strukturen (SEPA).

<u>Europäische Währungsunion</u>

Die Konvergenzkriterien setzen sich wie folgt zusammen:

- Stabilität des Außenwertes der nationalen Währung für zwei Jahre
- die Gesamtsumme der Schulden eines Landes darf 60% des BIP nicht übersteigen
- Zinssatz für langfristige Kredite darf maximal 2%-Punkte über dem Durchschnittswert des Zinssatzes liegen, den die drei preisstabilsten Mitgliedsländer aufweisen
- die Inflationsrate darf im Jahr vor dem EU-Beitritt nicht 1,5% über dem Durchschnittswert der Inflationsraten liegen, den die drei preisstabilsten Mitgliedsländer aufweisen
- die Nettoverschuldung darf nicht mehr als 3% des BIP betragen

1.2 Betriebliche Funktionen und deren Zusammenwirken
1.2.1 Ziele und Aufgaben der betrieblichen Funktionen

Produktion

Definition: Produktion ist der Prozess der betrieblichen Leistungserstellung innerhalb von Produktionsbetrieben.

Aufgaben: Die Produktion hat die Aufgaben Produkte in der geforderten Menge, mit der erwarteten Qualität zum gewünschten Zeitpunkt herzustellen und dies so kostengünstig wie möglich.

Ziele: Ziel der Produktion ist die Fertigung von Artikeln, die zum wirtschaftlichen Erfolg beitragen und damit für die Erhaltung von Arbeitsplätzen sorgen. Weiterhin zählen die Kosten- und die Qualitätsoptimierung zu den Zielen der Produktion.

Bereiche: Zu den Produktionsbereichen gehören unter anderem das Produktionsprogramm, die Produktionstiefe, die unterschiedlichen Produktionsverfahren sowie die Produktionssteuerung.

Die allgemeinen Produktionsfaktoren werden unterteilt in „Elementarfaktoren" und „dispositive Faktoren". Die Elementarfaktoren unterteilen sich in ausführende Arbeit (körperliche Arbeit), Betriebsmittel (Maschinen) und Werkstoffe (Roh-, Hilfs-, Betriebsstoffe).

Die dispositiven Faktoren werden in Leitung (Führungskräfte), Planung, Organisation und Kontrolle unterschieden. Bei diesen Faktoren steht die geistige Leistung im Vordergrund.

Logistik

Definition: Innerhalb der Logistik wir der Material- Waren- und Informationsfluss erfasst, gesteuert und kontrolliert.

Aufgaben: Kernaufgabe der Logistik sind die 6 R´s, d.h. die richtige Ware, in der richtigen Menge, in der richtigen Qualität, zum richtigen Zeitpunkt, am richtigen Ort zu den richtigen Kosten bereitzustellen.

Ziele: Ziele der Logistik sind unter anderem eine hohe Lieferbereitschaft, eine hohe Liefertreue, eine ausgeprägte Qualitätssicherung, die Versorgung der Bevölkerung sowie die Minimierung von Umweltverschmutzungen.

Bereiche: Beschaffungslogistik, Marketinglogistik, Lagerlogistik, Entsorgungslogistik etc.

Eine Wertschöpfungskette stellt die Verbindung vom Lieferanten, über die Produktion, bis hin zum Kunden dar (Lieferkette). Da überall innerhalb der Lieferkette „Werte" geschaffen, d.h. Euro-Beträge erwirtschaftet werden, spricht man von einer Wertschöpfungskette.

Unter "Supply Change-Management" versteht man die Optimierung der Wertschöpfungskette.

Marketing

Definition: Marketing beschreibt die Vermarktung von Produkten und Dienstleistungen sowie die Erstellung eines Konzeptes zur Unternehmensführung unter dem Gesichtspunkt der Kundenorientierung.

Aufgaben: Durch den Einsatz der Marketing-Instrumente sollen die Kunden zum Kauf der Produkte oder der Inanspruchnahme der Dienstleistungen animiert werden.

Ziele: Erhöhung der Marktanteile, Neukundengewinnung, positive Darstellung des Unternehmens in der Öffentlichkeit.

Bereiche: Marketing-Controlling, Handels-Marketing, Dienstleistungs-Marketing...

Das „Marketing-Mix" besteht aus der Produkt-, der Preis-, der Kommunikations- und der Distributionspolitik.

Produktpolitik: Welche Produkte, bzw. Dienstleistungen werden in welcher Aufmachung (Verpackung) auf den Markt gebracht? Der Schwerpunkt liegt hierbei auf den Kundenwünschen.

Preispolitik: Die Preispolitik (Kontrahierungspolitik) geht den Fragen nach für welchen Preis das hergestellte Produkt oder die angebotene Dienstleistung am Markt positioniert wird und welche Preise (Konditionen) bei Verhandlungen mit den Lieferanten erzielt werden können?

Kommunikationspolitik: Die Kommunikationspolitik beschäftigt sich mit der Vermarktung und Bekanntmachung der hergestellten Produkte, bzw. der angebotenen Dienstleistungen. Dies kann über Werbung, Sponsoring, Public Relation etc. erfolgen.

Distributionspolitik: Die Distributionspolitik beschäftigt sich mit der Frage, wie das Produkt oder die Dienstleistung zum Kunden gelangt (direkter und indirekter Vertrieb)?

Eine der Hauptaufgaben des „Marketing-Managements" besteht im optimalen Einsatz operativer (Marketing-Mix) und strategischer (Produktlebenszyklus, Produktportfolio...) Instrumente. Hierzu zählt weiterhin der gezielte Einsatz der „Marketingforschung".

Rechnungswesen

Definition: Alle Geschäftsvorgänge im Unternehmen werden im Rechnungswesen erfasst, bewertet und zur Kosten- und Ertragsermittlung verwendet.

Aufgaben / Ziele: Dokumentation aller Geschäftsvorfälle, Darstellung der ökonomischen Größen gegenüber Gesellschaftern, Gläubigern und der Öffentlichkeit.

Bereiche: Finanzbuchhaltung, Kosten- und Leistungsrechnung, Planungsrechnung & Statistik, internes- und externes Rechnungswesen.

Investition

Definition: Investition ist die Mittelverwendung, d.h. hier wird bestimmt, wofür das beschaffte Kapital ausgegeben wird. Die Investitionsseite wird auch als Vermögensseite bezeichnet.

Aufgaben: Zu den Aufgaben der Investition gehören unter anderem der Kauf von Anlagegütern (Maschinen) zur Produktion von Gütern oder die Beschaffung von Anlagegütern, um die produzierten Artikel verkaufen zu können (Fuhrpark).

Ziele: Sicherung der Zahlungsfähigkeit durch den Verkauf, der auf den Investitionsgütern hergestellten Produkte, Steigerung der Unternehmensrentabilität sowie die Sicherung der Unabhängigkeit, beispielsweise von Banken oder Investoren.

Bereiche bzw. Arten der Investition: Sachinvestitionen (Maschinen), Finanzinvestitionen (Beteiligungen) und immaterielle Investitionen (Weiterbildung).

Finanzierung

Definition: Finanzierung ist die sogenannte Mittelherkunft, d.h. sie beschäftigt sich mit der Kapitalbeschaffung. Die Finanzierungsseite wird auch als Kapitalseite bezeichnet.

Aufgaben: Die Finanzierung hat die Kernaufgabe Kapital in Form von Sach- und Finanzmitteln zu beschaffen, um Investitionen durchführen zu können und dies möglichst kostengünstig und effizient.

Ziele: Ziel der Finanzierung ist die Sicherung der Liquidität, d.h. die richtige Menge an finanziellen Mitteln zum richtigen Zeitpunkt unter dem Gesichtspunkt der Kostenoptimierung zur Verfügung zu stellen.

Bereiche: Insgesamt gibt es vier verschiedene Finanzierungsbereiche:

- Außen- Eigenfinanzierung: beispielsweise die Aufnahme eines Gesellschafters
- Außen- Fremdfinanzierung: beispielsweise ein Bankkredit
- Innen- Eigenfinanzierung: beispielsweise eine Gewinnthesaurierung (Einbehaltung von Gewinnen)
- Innen- Fremdfinanzierung: beispielsweise die Finanzierung aus Pensionsrückstellungen

Controlling

Definition: Controlling ist ein Teil eines betriebswirtschaftlichen Führungssystems im Unternehmen, um Prozesse transparent darzustellen. Hierbei wir zwischen strategischem (Existenzsicherung) und operativem Controlling (Liquiditätssicherung) unterschieden. Beim Controlling handelt es sich um eine Zeitraumbetrachtung.

Aufgaben: Planung (Umsatzplanung, Kostenplanung, Investitionsplanung...), Information (Informationsbeschaffung, Informationsfilterung, Informationsweitergabe), Steuerung (Soll-Ist-Vergleich) und Kontrolle (Zeitpunktbetrachtung).

Ziele: Zu den Zielen des Controllings gehören unter anderem die Sicherung der Wettbewerbsfähigkeit, die Sicherung der wirtschaftlichen Unabhängigkeit, die Existenzsicherung (langfristig) sowie die Liquiditätssicherung (kurzfristig).

Bereiche: Marketing-Controlling, Beschaffungs-Controlling, Personal-Controlling...

Personal

Definition: Der Bereich Personal kümmert sich im Unternehmen um die Belange aller Mitarbeiter.

Aufgaben: Aufgaben des Personalbereichs sind unter anderem die weitsichtige Personalentwicklung, die rechtzeitige Personalplanung, der effiziente Personaleinsatz sowie die qualitative Personalausbildung.

Ziele: Die rechtzeitige Bereitstellung von qualitativ gut ausgebildetem Personal, die Schaffung eines angenehmen Betriebsklimas, der gezielte Einsatz der Arbeitskraft, die Umsetzung von Arbeitsschutzmaßnahmen…

Bereiche: Zu den Personalbereichen gehören unter anderem das Personalcontrolling oder die Personalverwaltung.

1.2.2 Zusammenwirken der betrieblichen Funktionen

In einem Arbeitsprozess werden die vom Lieferanten bezogenen Rohstoffe, unter Leitung des Managements und in Verbindung mit den Betriebsmitteln sowie der menschlichen Arbeitskraft zu einem Produkt, welches an den Endverbraucher verkauft wird, verarbeitet. Unterstützend wirken hier die Bereiche (Funktionen) Personal, Controlling, Rechnungswesen und Finanzierung /Investition.

Zu den allgemeinen Unternehmenszielen gehören Beschaffungsziele (Bereitstellung des benötigten Materials), Produktionsziele (Herstellung eines Produktes mit hoher Qualität), Marketingziele (Erhöhung des Bekanntheitsgrades des Produktes …).

1.3 Existenzgründung und Unternehmensrechtsformen
1.3.1 Gründungsphasen

Die einzelnen Phasen der Existenzgründung lauten:

- Geschäftsidee (Produkt oder Dienstleistung)
- Situationsanalyse (Wo steht die Idee am Markt? Markt- Wettbewerbsanalyse)
- Planung (Wie soll die Idee umgesetzt werden? Festlegung von Zielen, wie sollen Kunden gewonnen werden? Konzepterstellung ⇨ Businessplan)
- Realisierung (Wahl der Rechtsform, Eintrag ins Handelsregister, Erstellung eines Marketingkonzeptes, Einstellen von Mitarbeitern, Investition in Maschinen, Fahrzeuge etc.)
- Kontrolle (Ist der eingeschlagene Weg der richtige? Stellen sich die ersten Erfolge ein? …)

Ein Businessplan enthält alle Komponenten, die zur erfolgreichen Umsetzung einer Geschäftsidee notwendig sind.

Hierzu gehören:

- Wahl der Rechtsform
- Standortanalyse
- Finanzierungssicherung
- Risikoanalyse

- Erstellung eines Marketingkonzepts
- Festlegen der Hierarchie
- Maßnahmen zur Kundengewinnung

1.3.2 Voraussetzungen der Existenzgründung

Zu den Voraussetzungen der Existenzgründung gehören:

- Persönliche Voraussetzungen (Risikobereitschaft, hohe Belastung, Stressresistenz, selbstständiges Arbeiten, Übernahme von Verantwortung...)
- Fachliche Voraussetzungen (Berufsausbildung, Fachkenntnisse in der Branche, Wettbewerbsanalyse...)

1.3.3 Rechtsformen

Personengesellschaften: Offene Handelsgesellschaft (OHG), Kommanditgesellschaft (KG), Gesellschaft des bürgerlichen Rechts (GbR), BGB-Gesellschaft...

Kapitalgesellschaften: Aktiengesellschaft (AG), Gesellschaft mit beschränkter Haftung (GmbH), Kommanditgesellschaft auf Aktien (KGaA), Unternehmergesellschaft UG (haftungsbeschränkt)...

Einzelunternehmung – stille Gesellschaft

Einzelunternehmungen zählen nicht zu den Personalgesellschaften, da die Gründerzahl aus einer Person besteht und bei den Personengesellschaften mindestens zwei Gründer vorhanden sein müssen.

	Einzelunternehmung	stille Gesellschaft
Personengesellschaft	x	x
natürliche Person	x	x
Handelsregistereintrag	ja, wenn §1 HGB erfüllt	nein
Gründeranzahl (mind.)	1	2
Haftung	persönlich, unbeschränkt	Inhaber unbeschränkt; stiller Gesellschafter mit der Höhe seiner Einlage
Gewinnbeteiligung	alleine	angemessen
Verlustbeteiligung	alleine	nein
Geschäftsführung	alleine	Inhaber
Vertretungsmacht	alleine	Inhaber

BGB-Gesellschaft (GdbR) – Offene Handelsgesellschaft (OHG)

	BGB-Gesellschaft (GbR)	OHG
Personengesellschaft	x	x
natürliche Person	x	x
Handelsregistereintrag	nein	ja (Abt. A)
Gründeranzahl (mind.)	2	2
Haftung	unbeschränkt /persönlich	unbeschränkt /persön-lich
Gewinnbeteiligung	nach Köpfen	erfolgt nach der Höhe der Gesellschafteranteile
Verlustbeteiligung	nach Köpfen	nach Köpfen
Geschäftsführung	gemeinsam	jeder Gesellschafter einzeln
Vertretungsmacht	gemeinsam	jeder Gesellschafter einzeln

Kommanditgesellschaft (KG) – GmbH & Co KG

Die Kommanditgesellschaft setzt sich aus mindestens einem Komplementär (Vollhafter) und mindestens einem Kommanditisten (Teilhafter) zusammen. Die GmbH & Co KG ist die einzige Personengesellschaft mit beschränkter Haftung.

	KG	GmbH & Co KG
Personengesellschaft	x	x
natürliche Person	x	x (nur Kommanditist)
juristische Person		x (nur GmbH)
Handelsregistereintrag	ja (Abt. A)	ja (Abt. A)
Gründeranzahl (mind.)	2	2
Haftung	KP: unbeschränkt, KD: Höhe seiner Einlage	KP: GmbH, KD: Höhe seiner Einlage
Gewinnbeteiligung	erfolgt nach der Höhe der Gesellschafteranteile	erfolgt nach der Höhe der Gesellschafteranteile
Verlustbeteiligung	nein oder Gesellschaftsvertrag	nein oder Gesellschaftsvertrag
Geschäftsführung	nur Komplementär	GmbH
Vertretungsmacht	nur Komplementär	GmbH

Gründe für die Aufnahme eines Kommanditisten aus Sicht des Komplementärs könnten sein:

- zusätzliche Liquidität, ohne Abhängigkeit von Banken
- der Kommanditist hat keine Geschäftsführungsbefugnis und Vertretungsmacht, d.h. der Komplementär behält weiterhin das alleinige Sagen
- das Risiko des Komplementärs wird auf mehrere Schultern verteilt (Kommanditist haftet mit seiner Einlage)

Gründe für den Einstieg eines Kommanditisten in eine KG könnten sein:

- Beteiligung an einem ertragsstarken Unternehmen, ohne Verantwortung im operativen Bereich übernehmen zu müssen
- hohe Verzinsung (Rendite) der Einlage
- steuerliche Gründe sprechen dafür

Der Sonderstatus der GmbH & Co KG liegt darin begründet, dass es die einzige Personengesellschaft mit beschränkter Haftung ist.

Der Aufbau der GmbH & Co KG ist nach dem Prinzip der KG gegliedert, d.h. es existiert mindestens einen Komplementär und mindestens einen Kommanditisten.

Für die Haftung des Kommanditisten ändert sich in Bezug auf die „normale" KG nichts. Der Vollhafter, der Komplementär, wird bei der GmbH & Co KG durch die GmbH ersetzt, die wiederum nur mit ihrem Gesellschaftsvermögen haftet.

GmbH – Unternehmergesellschaft (UG) haftungsbeschränk

	GmbH	UG haftungsbeschränkt
Kapitalgesellschaft	x	x
juristische Person	x	x
Handelsregistereintrag	ja (Abt. B)	ja (Abt. B)
Gründeranzahl (mind.)	1	1
Kapitalbeteiligung	Stammkapital: mindestens 25.000€	Stammkapital: mindestens 1€
Haftung	Gesellschaftsvermögen	Gesellschaftsvermögen
Geschäftsführung	Geschäftsführer	Geschäftsführer
Vertretungsmacht	Geschäftsführer	Geschäftsführer
Überwachendes Organ	> 500 MA ⇨ Aufsichtsrat	> 500 MA ⇨ Aufsichtsrat
Beschließendes Organ	Gesellschafterversammlung	Gesellschafterversammlung

Für die Gläubiger einer GmbH steht nur das Vermögen der Gesellschaft zur Verfügung, da die Gesellschafter und Geschäftsführer nicht privat haften. Die Gesellschafter haften nur mit ihrer Einlage.

Die GmbH und ihr kleiner Bruder die „Unternehmergesellschaft (UG) haftungsbeschränkt" unterscheiden sich u.a. in folgenden drei Punkten:

1. Das Stammkapital einer GmbH beträgt mindestens 25.000€, das einer UG (haftungsbeschränkt) mindestens 1€.
2. Der Handelsregistereintrag nimmt bei der UG (haftungsbeschränkt) weniger Zeit in Anspruch, als bei einer GmbH-Gründung, da in der Regel vorgefertigte Gesellschafterverträge von den Gründern einer UG (haftungsbeschränkt) als Basisvertrag gewählt werden.
3. Die UG (haftungsbeschränkt) muss 25% ihres erzielten Gewinns auf ein Sparkonto (Sperrkonto) einzahlen, mit der Option der Umwandlung in eine GmbH, wenn auf dem Konto 25.000€ angespart wurden. Das Geld, das sich auf diesem Konto befindet, darf nicht verwendet werden, solange die 25.000€ nicht erreicht sind und es sich um eine UG (haftungsbeschränkt) handelt. Bleibt es bei der Rechtsform einer UG (haftungsbeschränkt), darf nur der Betrag verwandt werden, der die 25.000€ übersteigt. Die Wandlung in eine GmbH ist eine Kann-Option.

Eine GmbH hat folgende Organe: Geschäftsführung, Aufsichtsrat (ab 500 Mitarbeitern) und die Gesellschafterversammlung. Den Begriff Stammkapital gibt es nur bei der GmbH oder der UG (haftungsbeschränkt), bei einer AG heißt es Grundkapital. Das Stammkapital einer GmbH muss mindestens 25.000€ betragen, kann aber auch deutlich höher ausfallen.

Aktiengesellschaft (AG) – Kommanditgesellschaft auf Aktien (KGaA)

	AG	KGaA
Kapitalgesellschaft	x	x
juristische Person	x	x
Handelsregistereintrag	ja (Abt. B)	ja (Abt. B)
Gründeranzahl (mind.)	1	5
Kapitalbeteiligung	Grundkapital: 50.000€	Grundkapital: 50.000€
Haftung	Aktien	KP: unbeschränkt, KD: Höhe des Aktienwertes
Geschäftsführung	Vorstand	Vorstand (Komplementär)
Vertretungsmacht	Vorstand	Vorstand (Komplementär)
Überwachendes Organ	Aufsichtsrat	Aufsichtsrat
Beschließendes Organ	Hauptversammlung	Hauptversammlung

Die Aktiengesellschaft hat folgende Organe: Vorstand, Aufsichtsrat, Hauptversammlung (beschlussfassendes Organ). Zu den Aufgaben des Aufsichtsrates einer AG gehören die Bestellung des Vorstandsvorsitzenden, die Kontrolle der Tätigkeiten des Vorstandes und die Überprüfung des Jahresabschlusses.

1.4 Unternehmenszusammenschlüsse

Eine Kooperation ist eine Zusammenarbeit von Unternehmen, die ihre rechtliche Selbstständigkeit beibehalten, aber ihre wirtschaftliche Selbstständigkeit für die Zusammenarbeit aufgeben. Eine Kooperation ist in der Regel zeitlich begrenzt.

Eine Konzentration ist ein Zusammenschluss von Unternehmen, die ihre rechtliche Selbstständigkeit beibehalten, aber ihre wirtschaftliche Selbstständigkeit komplett aufgeben. Die Unternehmen haben bei einer Konzentration eine einheitliche Leitung. Bei einer Fusion gibt ein Partner sogar seine rechtliche Selbstständigkeit auf.

Gründe warum sich Unternehmen zusammenschließen könnten sein:

- Verbesserung der Konditionen bei Einkaufverhandlungen
- Stärkung der Marktmacht, um sich im Wettbewerb behaupten zu können
- Sicherung von Rohstoffen (vertikaler Zusammenschluss)
- Sicherung von Vertriebswegen (horizontaler Zusammenschluss)
- Erweiterung des Portfolios
- Abhängigkeit von der eigenen Branche zu verringern (lateraler Zusammenschluss)

Globalisierung

Unter Globalisierung versteht man die weltweite Vernetzung von Unternehmen.

1.4.1 Formen der Kooperation

Formen der Kooperation

horizontale Kooperation: Zusammenarbeit von Unternehmen auf gleicher Wirtschaftsstufe (Brauerei und Limonadenhersteller).

vertikale Kooperation: Zusammenarbeit von Unternehmen, die entweder vor- oder nachgelagert sind [Möbelhersteller und ein Sägewerk (vorgelagert)oder Möbelhersteller und ein Möbeleinrichtungshaus (nachgelagert)].

laterale (anorganische) Kooperation: Zusammenarbeit von Unternehmen, die völlig unabhängig voneinander agieren (Immobiliengesellschaft und ein Fischgeschäft).

Kooperationsbeispiele

Joint Venture:

Zusammenarbeit von Unternehmen, die für ein oder mehrere Projekte zusammenarbeiten und hierbei eine neue rechtlich selbstständige Unternehmensform gründen, an der alle Kooperationsunternehmen mit finanziellen Einlagen, Sacheinlagen oder immateriellen Einlagen beteiligt sind.

Kartell:

Hierbei handelt es sich um eine vertragliche Zusammenarbeit der Beteiligten unter Aufgabe der wirtschaftlichen und Beibehaltung der rechtlichen Selbstständigkeit. Ziel der Kartelle ist eine Absprache über Preise oder andere wirtschaftliche Inhalte. Kartelle sind, mit einigen wenigen Ausnahmen, in Deutschland verboten.

Interessengemeinschaft:

Bei einer Interessensgemeinschaft arbeiten Unternehmen zusammen, um gemeinsam gleiche Ziele zu verfolgen.

Ziele der Kooperation

Ziele einer Kooperation können sein:

- bessere Einkaufskonditionen, durch Mengenbündelung
- Erschließung neuer Märkte
- Wissensaustausch zur beiderseitigen Produktivitätssteigerung
- bessere Marktmacht im Vergleich zum Wettbewerb
- ...

1.4.2 Formen der Konzentration
Formen der Konzentration

horizontale *Konzentration*: Zusammenschluss von Unternehmen auf gleicher Wirtschaftsstufe (Brauerei und Limonadenhersteller).

vertikale *Konzentration*: Zusammenschluss von Unternehmen, die entweder vor- oder nachgelagert sind [Möbelhersteller und ein Sägewerk (vorgelagert)oder Möbelhersteller und ein Möbeleinrichtungshaus (nachgelagert)].

laterale*(anorganische) Konzentration*: Zusammenschluss von Unternehmen, die völlig unabhängig voneinander agieren (Reinigungsfirma und ein Hersteller von Traktoren, es entsteht in der Regel ein Konglomerat).

Konzentrationsbeispiele

Fusion: Zusammenschluss von Unternehmen, die sowohl ihre rechtliche, als auch ihre wirtschaftliche Selbstständigkeit aufgeben. Je nach Umfang des Zusammenschlusses überwacht das Bundeskartellamt, ob daraus ein zu mächtiges Unternehmen entsteht, welches das Marktgeschehen dominieren würde.

Konzern: Hierbei handelt es sich um einen Zusammenschluss von rechtlich selbstständigen Unternehmen, die sich dann unter einheitlicher Leitung befinden.

Ziele der Konzentration

Ziele einer Konzentration können sein:

- Kostenminimierung durch Zusammenlegung von Abteilungen
- Verbesserung der Marktposition
- Optimierung des Wissensmanagements [Erweiterung des verfügbaren Wissens (Know-how-Gewinn)]
- Nutzen von Synergieeffekten
- ...

Aufgaben mit Lösungen!

1.1.1 Markt, Preis und Wettbewerb

Aufgabe 1   Marktformen

In der volkswirtschaftlichen Betrachtungsweise wird zwischen einem vollkommenen und einem unvollkommenen Markt unterschieden.

Nennen Sie vier Voraussetzungen, die erfüllt sein müssen, damit von einem „vollkommenen Markt" die Rede sein kann und nennen Sie zwei Voraussetzungen für einen „unvollkommenen Markt".

Beurteilen Sie aus heutiger Sicht, welche der beiden Marktformen in Deutschland vorliegt.

Aufgabe 2   Marktformen

Innerhalb der Volkswirtschaft wird zwischen verschiedenen Marktformen unterschieden, angefangen bei dem Polypol, über das Oligopol, bis hin zum Monopol.

Grenzen Sie die unten aufgeführten Marktformen bezüglich der Angebots- und der Nachfrageseite voneinander ab und geben Sie für jede Marktform ein Beispiel an.

- Polypol
- Angebotsoligopol
- Nachfrageoligopol
- Angebotsmonopol
- Nachfragemonopol

Aufgabe 3   Marktformen

Erläutern

Schildern Sie zu folgenden Marktformen den Spielraum, den Anbieter haben preispolitische Maßnahmen durchzuführen.

- Polypol
- Angebotsoligopol
- Nachfrageoligopol
- Angebotsmonopol
- Nachfragemonopol

Aufgabe 4   Angebot und Nachfrage

Schildern Sie was unter einer „Preiselastizität der Nachfrage" zu verstehen ist.

Gehen Sie dabei auch auf eine „unelastische" und „elastische" Nachfrage ein und geben Sie je ein Beispiel an.

Aufgabe 5 *Angebot und Nachfrage*

Beschreiben Sie (ohne Zeichnung) den Verlauf der Nachfrage- und der Angebots-kurve und gehen Sie auf die Reaktion der Nachfragekurve, bzw. Angebotskurve ein, wenn es zu einer Erhöhung oder Senkung der Nachfrage, bzw. des Angebots kommt, ohne dass sich der Marktpreis ändert.

Aufgabe 6 *Angebot und Nachfrage*

Nennen Sie drei Kriterien, die die Nachfrage und das Angebot beeinflussen und er-läutern Sie kurz welcher Sachverhalt vorliegt, wenn sich die Angebots- und die Nachfragekurve schneiden.

Aufgabe 7 *Angebot und Nachfrage*

Ihr Kommilitone Wolfgang S. verwechselt immer wieder die Begriffe „Käufermarkt" & „Verkäufermarkt" sowie „Produzenten- und Konsumentenrente".

a) Helfen Sie ihm und grenzen Sie die vier Begriffe voneinander ab.

b) Stellen Sie den Unterschied zwischen der Produzenten- und der Konsumen-tenrente grafisch dar.

Aufgabe 8 *Marktpreis*

Innerhalb der Marktwirtschaft nimmt der Marktpreis eine fundamentale Rolle ein. Stellen Sie vier Funktionen dar, die Marktpreise erfüllen sollen (Marktpreisfunktio-nen).

Aufgabe 9 *Marktpreis*

Wie verändert sich der Marktpreis, wenn das Angebot steigt oder fällt und wie ver-hält sich der Marktpreis, wenn die Nachfrage ab- oder zunimmt?

Aufgabe 10 *Wettbewerbspolitik*

Ihre Kommilitonen Robert T. und Stephan S. bereiten sich auf die Fachwirtsprüfung im Fach VWL BWL vor. Robert T. hat den letzten Unterricht, bei dem es um Wettbe-werbspolitik ging, leider versäumt.

Da Stephan S. ebenfalls nicht am Unterricht teilgenommen hat, sind beide bzgl. des Themas ziemlich „blank".

Helfen Sie ihren Kommilitonen und erläutern Sie Ihnen drei Funktionen des Wettbe-werbs.

Aufgabe 11   *Soziale Marktwirtschaft*

In der sozialen Marktwirtschaft greift der Staat manchmal regulierend in die Marktpreisbildung ein.

Nennen und beschreiben Sie vier indirekte (marktkonforme) Eingriffsmöglichkeiten des Staates.

Aufgabe 12   *Mindestpreis - Höchstpreis*

Bei marktkonträren Maßnahmen greift der Staat unmittelbar in die Marktpreisbildung ein. Er setzt Preisobergrenzen (Höchstpreis) oder Preisuntergrenzen (Mindestpreis) direkt fest.

Beschreiben Sie beide Formen des direkten Preiseingriffs. Gehen Sie hierbei auch auf eventuell entstehende Gefahren dieser staatlichen Lohnpolitik ein und stellen Sie den Mindest- und Höchstpreis grafisch dar.

1.1.2 Volkswirtschaftliche Gesamtrechnung

Aufgabe 13   *Wirtschaftskreislauf*

Die volkswirtschaftliche Gesamtrechnung basiert auf einem Austausch von Gütern und Dienstleistungen - auch bekannt als Wirtschaftskreislauf. Nennen Sie die Sektoren, die an dem Wirtschaftskreislauf beteiligt sind und beschreiben Sie, ohne zeichnerische Darstellung, die einzelnen Zusammenhänge.

Aufgabe 14   *BIP und BNE*

Innerhalb der Volkswirtschaft wird zwischen dem Bruttoinlandsprodukt (BIP) und dem Bruttonationaleinkommen (BNE) unterschieden.

Grenzen Sie beide Begriffe voneinander ab und differenzieren Sie zwischen nominalem und realem BIP und BNE. Zeigen Sie weiterhin auf, wie sich das BNE, in Abhängigkeit vom BIP, bestimmen lässt.

Aufgabe 15   *BIP*

Ihr Kommilitone Michael S. weiß, dass das BIP sowohl über die Verteilungsrechnung, die Verwendungsrechnung, als auch über die Entstehungsrechnung ermittelt werden kann. Er ist sich aber nicht sicher wo die inhaltlichen Unterschiede bei den verschiedenen Ansätzen liegen. Helfen Sie ihm.

Aufgabe 16   *Lohn- und Gewinnquote*

Im Zuge der Einkommensverteilung tauchen immer wieder die Begriffe „Lohnquote" und „Gewinnquote" auf. Erläutern Sie, was darunter zu verstehen ist.

Aufgabe 17 *Einkommensumverteilung*

Wie in vielen Ländern ist auch in Deutschland die Einkommensverteilung, die über die Primär- und Sekundärverteilung erfolgt, nicht gleich. Der Staat hat verschiedene Möglichkeiten eine Einkommensumverteilung vorzunehmen.

a) Definieren Sie was unter einem „Volkseinkommen" zu verstehen ist.

b) Welche Möglichkeiten hat der Staat in die Einkommensverteilung einzugreifen?

Wie setzt sich das „Verfügbare Einkommen" zusammen und wie kann der private Haushalt dieses Einkommen verwenden?

1.1.3 Konjunktur und Wirtschaftswachstum

Aufgabe 18 *Konjunkturzyklus*

Ihr Kommilitone Manfred S. muss die Phasen des Konjunkturzyklus und drei Konjunkturindikatoren nennen. Der einzige Zyklus, den er kennt ist der Produktlebenszyklus. Er meint, dass beide Zyklen identisch sind, also Synonyme. Helfen Sie ihm dabei den Konjunkturzyklus zu beschreiben und geben Sie ihm zwei Konjunkturindikatoren an.

Aufgabe 19 *Stabilitätsgesetz*

Erklären Sie das „magische Viereck" und gehen Sie auf die Erweiterung zum „magischen Sechseck" ein.

Aufgabe 20 *Arbeitslosigkeit*

Der Begriff der Arbeitslosigkeit ist in Deutschland immer noch negativ besetzt. Viele der Menschen, die ihre Arbeit verlieren werden als „Hartzler" oder als faul bezeichnet. Nur in den seltensten Fällen treffen diese Vorurteile zu.

Setzen Sie sich mit dem Begriff der Arbeitslosigkeit auseinander.

a) Erklären Sie, wann jemand als arbeitslos gilt.

b) Definieren Sie den Begriff der „Arbeitslosenquote".

c) Wann spricht man in Deutschland von „Vollbeschäftigung"?

d) Grenzen Sie die Begriffe „offene" und „verdeckte" Arbeitslosigkeit voneinander ab.

e) Beschreiben Sie vier verschiedene Formen der Arbeitslosigkeit.

Aufgabe 21   *Arbeitslosigkeit*

Die strukturelle Arbeitslosigkeit lässt sich in verschiedene Arten unterteilen. Nennen und beschreiben Sie diese Formen kurz.

Aufgabe 22   *Inflation - Deflation*

Erläutern Sie ihren Kollegen aus welchen Komponenten sich eine Inflationsrate zusammensetzt, was unter dem Begriff der Inflation zu verstehen ist und wie sie sich berechnet. Gehen Sie anschließend auf den Begriff der Deflation ein.

Aufgabe 23   *Inflation - Deflation*

Schildern Sie zwei Profiteure und zwei Betroffene einer Inflation und einer Deflation. Gehen Sie auch auf Vermögensgegenstände ein, auf die eine Inflation kaum Auswirkungen hat.

Aufgabe 24   *Geldpolitik*

Die europäische Geldpolitik der Europäischen Union wird von der Europäischen Zentralbank (EZB) gesteuert. Beschreiben Sie das Hauptziel der Geldpolitik der EZB und erklären Sie was unter der „Zwei-Säulen-Strategie" der EZB zu verstehen ist. Gehen Sie weiter auf die Konsequenzen bei Zins- und Liquiditätsmaßnahmen der EZB ein.

Aufgabe 25   *Geldpolitik*

Beschreiben Sie vier geldpolitische Instrumente der Offenmarktpolitik, die zur Stabilisierung des Preisniveaus durch die EZB eingesetzt werden können.

Aufgabe 26   *Geldpolitik*

Die Offenmarktpolitik, die ständigen Fazilitäten und die Mindestreservepolitik sind drei der wichtigsten geldpolitischen Instrumente der EZB.
Erklären Sie ihrer Kollegin Annette K. was unter den beiden letztgenannten zu verstehen ist.

Aufgabe 27   *Geldpolitik*

Bei der Erhaltung eines stabilen Preisniveaus stößt die EZB auch oft an ihre Grenzen. Beschreiben Sie drei mögliche Einflüsse, die das Ziel der EZB ein stabiles Preisniveau zu schaffen und zu erhalten, erschweren. Gehen Sie weiterhin auf vier Aufgaben ein, die die EZB erfüllen soll.

Aufgabe 28 *Geldpolitik*

Erklären Sie ihrem Kollegen Christian K., um was es sich bei dem „Leitzins" der EZB handelt und erläutern Sie ihm weiterhin welche Konsequenzen eine Leitzinssenkung, bzw. eine Leitzinsanhebung für die Geldpolitik im Euroraum nach sich zieht.

Aufgabe 29 *Zielsystem aufbauen*

Erläutern Sie zwei Aufgaben nachstehender wirtschaftspolitischer Maßnahmen und nennen Sie drei Gründe, warum die Staatsverschuldung in den Jahren 2013 -2016 gestiegen ist und welche volkswirtschaftlichen Folgen damit verbunden sein können.

- Finanzpolitik
- Wachstumspolitik
- Tarifpolitik
- Arbeitsmarktpolitik
- Umweltpolitik

1.1.4 Außenwirtschaft

Aufgabe 30 *Zielsystem aufbauen*

Die Wirtschaftsbeziehungen zwischen zwei Ländern werden entweder durch „Freihandel" oder „Protektionismus" geprägt. Grenzen Sie beide Begriffe voneinander ab und nennen Sie je zwei Vor- und Nachteile. Gehen Sie beim Protektionismus auf die tarifären und nicht tarifären Handelshemmnisse ein.

Aufgabe 31 *Europäischer Binnenmarkt*

Erklären Sie was unter einem „Europäischen Binnenmarkt" zu verstehen ist und welche „Freiheiten" dieser umsetzt.

Aufgabe 32 *Wirtschafts- und Währungsunion*

Die Einführung der europäischen Gemeinschaftswährung (Euro) ist nur dann erlaubt, wenn gewisse „Konvergenzkriterien" erfüllt sind. Beschreiben Sie um welche Kriterien es sich hierbei handelt.

1.2 Betriebliche Funktionen und deren Zusammenwirken

1.2.1 Ziele und Aufgaben betrieblicher Funktionen

Aufgabe 33   *Betriebliche Funktionen*

Produktion, Personal, Finanzierung / Investition, Rechnungswesen, Marketing, Logistik und Controlling werden als klassische Funktionen eines Betriebes bezeichnet. Grenzen Sie diese betrieblichen Funktionen anhand folgender Kriterien voneinander ab.

- Definition
- Aufgaben
- Ziele
- Bereiche

Aufgabe 34   *Betriebliche Funktionen*

In einem effizient arbeitenden Betrieb werden die Produktionsfaktoren optimal miteinander kombiniert.

Nennen Sie diese betriebswirtschaftlichen Produktionsfaktoren und führen Sie eine Unterteilung in „Elementarfaktoren" und „dispositive Faktoren" durch.

Aufgabe 35   *Betriebliche Funktionen*

Innerhalb von logistischen Strukturen wird häufig von einer „Wertschöpfungskette" und von „Supply Change-Management" gesprochen.

Erläutern Sie, was darunter zu verstehen ist.

Aufgabe 36   *Betriebliche Funktionen*

Erklären Sie den Begriff „Marketing-Mix" und gehen Sie dabei besonders auf die einzelnen Elemente des Marketing-Mix ein. Beschreiben Sie weiterhin eine der Hauptaufgaben des „Marketing-Managements".

1.2.2 Zusammenwirken der betrieblichen Funktionen

Aufgabe 37   *Arbeitsprozesse*

Beschreiben Sie einen Arbeitsprozess im Betrieb und gehen Sie in diesem Zusammenhang auch auf verschiedene Unternehmensziele (nennen Sie drei) ein.

1.3 Existenzgründung und Unternehmensrechtsformen

1.3.1 Gründungsphasen

Aufgabe 38   *Gründungsphasen*

Nennen und beschreiben Sie die einzelnen Phasen einer Existenzgründung und erklären Sie was unter einem Businessplan zu verstehen ist. Gehen Sie weiterhin darauf ein, welche Elemente ein Businessplan enthalten soll.

1.3.3 Rechtsformen

Aufgabe 39   *Rechtsformen*

In der Vorbereitung auf die Klausur „VWL BWL" wiederholen Sie mit ihrer Kommilitonin Silke A. die Rechtsformen. Silke A. kann sich den Unterschied einer GmbH und einer UG (haftungsbeschränkt) nicht merken.

Erklären Sie ihr anhand von drei Merkmalen die Unterschiede dieser beiden Gesellschaftsformen.

Aufgabe 40   *Rechtsformen*

Sie sollen ihrer Geschäftsleitung einen Vorschlag unterbreiten, welche Rechtsform der neu ausgegliederte Unternehmensbereich „Logistik" einnehmen soll.

a)   Stellen Sie zur Entscheidungsfindung die folgenden Unternehmensformen anhand der Kriterien: Geschäftsführungsbefugnis, Vertretungsmacht, Haftung und Mindestkapitaleinsatz gegenüber.

- Kommanditgesellschaft
- Gesellschaft mit beschränkter Haftung (GmbH)
- Offene Handelsgesellschaft (OHG)
- Aktiengesellschaft (AG)

b)   Nennen Sie zwei Aufgaben eines Aufsichtsrates einer AG.

c)   Welche Organe hat eine GmbH mit 604 Mitarbeitern?

Aufgabe 41   *Rechtsformen*

Nennen Sie zwei Personen- und zwei Kapitalgesellschaften und erläutern Sie zwei Argumente, die für die Aufnahme eines Kommanditisten aus Sicht des Komplementärs sprechen sowie zwei Gründe aus Sicht des Kommanditisten zum Einstieg in eine KG.

Aufgabe 42   *Rechtsformen*

Ordnen Sie die folgenden Aussagen mindestens einer Gesellschaft zu (Mehrfachlösungen möglich).

a)   Das Stammkapital beträgt 50.000€. Handelsregistereintrag ist zwingend. Es handelt sich um eine Kapitalgesellschaft.

b)   Die Gesellschafter dürfen nur gemeinsam entscheiden und ein Handelsregistereintrag ist nicht notwendig.

c)   Anzahl der Gründer: 1, das Unternehmen besitzt 3 Organe und die Entscheidungen trifft die Hauptversammlung, der Handelsregistereintrag erfolgt in der Abteilung B.

Das Unternehmen wurde von zwei natürlichen Personen gegründet, der eine haftet mit seinem Privatvermögen, der andere nur mit seiner Einlage. Ein Handelsregistereintrag existiert nicht.

Aufgabe 43   *Rechtsformen*

Erklären Sie anhand des Kriteriums der Haftung den Unterschied zwischen einer OHG und einer GmbH.

Aufgabe 44   *Rechtsformen*

Gemeinsam mit ihrem Freund Jörg Z. bereiten Sie sich auf die anstehende Prüfung vor. Zurzeit beschäftigen Sie beide sich mit den Unternehmensformen. Um weitere Informationen über die unterschiedlichen Gesellschaftsformen zu erhalten „googeln" Sie.

Folgende Thesen finden Sie in entsprechender Literatur:

- „Zur Gründung einer Personengesellschaft ist kein Mindestkapital notwendig"
- Für die Kapitalgesellschaften „AG" und „GmbH" sind „Organe" erforderlich"

Nehmen Sie zu beiden Aussagen Stellung und erläutern Sie, ob und warum beide Thesen zutreffend sind.

Aufgabe 45   *Rechtsformen*

Sie sind Inhaber einer Werbeagentur mit 60.000€ Gewinn pro Jahr. Aufgrund der positiven Auftragslage wollen Sie expandieren. Um eine bessere Reputation zu erlangen, lassen Sie sich ins Handelsregister eintragen. Weitere Gesellschafter existieren nicht.

Um welche Unternehmensform handelt es sich? Erklären Sie diese kurz.

Aufgabe 46 *Rechtsformen*

Erklären Sie den Aufbau und den Sonderstatus einer „GmbH & Co KG".

1.4 Unternehmenszusammenschlüsse

1.4.1 Formen der Kooperation

Aufgabe 47 *Kooperation*

Sie bereiten sich mit ihrem Kommilitonen Robert T. auf die Prüfung der Fachwirte vor. Ihr Kollege verwechselt immer die Begriffe „Kooperation" und „Konzentration". Helfen Sie ihm.

a) Definieren Sie, was unter einer „Kooperation" zu verstehen ist.

b) Unterscheiden Sie die drei Formen der „Kooperation" bei unterschiedlichen Wirtschaftsstufen.

c) Wählen Sie zwei Beispiele von „Kooperation" aus und erklären Sie diese.

Nennen Sie zwei Ziele einer „Kooperation".

Aufgabe 48 *Kooperation*

Aufgrund des harten Wettbewerbs wollen die Schreinerei „Säge & Söhne" und die Schreinerei „Brett und Nagel" eine Kooperation eingehen.

Suchen Sie für beide Unternehmen eine passende Kooperationsform aus und begründen Sie ihre Entscheidung.

Aufgabe 49 *Konzentration*

Sie bereiten sich mit ihrem Kommilitonen Wolfgang S. auf die Prüfung der Fachwirte vor. Ihr Kollege verwechselt immer die Begriffe „Kooperation" und „Konzentration". Helfen Sie ihm.

a) Definieren Sie, was unter einer „Konzentration" zu verstehen ist.

b) Unterscheiden Sie die drei Formen der „Konzentration" bei unterschiedlichen Wirtschaftsstufen.

c) Wählen Sie zwei Beispiele von „Konzentration" aus und erklären Sie diese.

Nennen Sie zwei Ziele einer „Konzentration".

Aufgabe 50 *Unternehmenszusammenschlüsse*

Nennen Sie vier Gründe, warum sich Unternehmen zusammenschließen. Gehen Sie dabei auch auf den Begriff der „Globalisierung" ein.

Lösungshinweise

Lösung 1   Marktformen

Es handelt sich um einen vollkommenen Markt, wenn folgende Voraussetzungen in der Gänze erfüllt sind:

- polypolistische Struktur (viele Anbieter, viele Nachfrager)

- alle Produkte werden als gleichwertig betrachtet (gleiche Qualitätsstrukturen, gleiche Verpackung, gleiche Eigenschaften…)

- Anbieter und Nachfrager treffen am gleichen Ort und zeitgleich aufeinander

- es existieren keine Vorlieben (Bindung an bestimmte Verkäufer etc.) und Präferenzen

- es herrscht für alle Beteiligten eine allgemeine Markttransparenz über die Preise und die Qualität der einzelnen Produkte etc.

Die Eigenschaften eines vollkommenen Marktes sind in Deutschland nicht gegeben. In Deutschland herrscht ein „unvollkommener Markt", d.h. mindestens eines der oben aufgeführten Kriterien ist nicht erfüllt.

Lösung 2   Marktformen

Polypol: viele Anbieter, viele Nachfrager

> Beispiel: Anbieter: Bäckerei – Nachfrager: Verbraucher

Angebotsoligopol: wenige Anbieter, viele Nachfrager

> Beispiel: Anbieter: Mineralölkonzerne ⇨ Benzin an Tankstellen – Nachfrager: Autofahrer

Nachfrageoligopol: viele Anbieter, wenige Nachfrager

> Beispiel: Anbieter: vieler Hersteller von Sitzbezügen – Nachfrager: Automobilhersteller

Angebotsmonopol: ein Anbieter, viele Nachfrager

> Beispiel: Anbieter: Staat (Müllabfuhr) – Nachfrager: Haushalte

Nachfragemonopol: viele Anbieter, ein Nachfrager

> Beispiel: Nachfrager: Staat bei Straßenbau-Projekten – Anbieter: viele Unternehmen die im Straßenbau tätig sind

Lösung 3   *Marktformen*

Polypol:

Es gibt kaum Möglichkeiten selbständig Preise zu verändern, da großer Wettbewerb vorhanden. Es besteht eher die Verpflichtung Preise an den Wettbewerber anzupassen. Durch Angebot und Nachfrage kommt es in der Regel zu einem Gleichgewichtspreis.

Angebotsoligopol:

Für den Anbieter besteht nur die Möglichkeit durch eine aggressive Preispolitik einen der wenigen weiteren Anbieter aus dem Markt zu drängen. Sollte der Anbieter die Preise anheben, läuft er Gefahr Kunden an die anderen wenigen Anbieter zu verlieren.

Nachfrageoligopol:

Durch die Situation, dass viele Anbieter, aber nur wenige Nachfrager vorhanden sind, gibt es für eine Preiserhöhung seitens der Anbieter kaum Spielraum, da ansonsten die Gefahr besteht, sich aus dem Markt zu katapultieren. Eine Preissenkung hingegen führt zu einem knallharten Verdrängungswettbewerb unter den Anbietern. Die Nachfrager hingegen können die Preise drücken, da viele Anbieter ihre Waren auf dem Markt zur Verfügung stellen.

Angebotsmonopol:

Als einziger Anbieter kann der Monopolist den Preis bestimmen. Preispolitischer Spielraum ist gegeben, sollte aber nicht übertrieben werden, da ansonsten die Gefahr besteht, dass ein weiterer Anbieter aus dem In- oder Ausland den Markt betritt. Weiterhin ist zu berücksichtigen, dass die Kaufkraft der Kunden nicht unbegrenzt ist.

Nachfragemonopol:

Keine preispolitischen Maßnahmen bezüglich des Kunden möglich, eher noch der Druck Preise senken zu müssen, um einen Auftrag zu bekommen. Hinsichtlich der Preisgestaltung gegenüber den anderen Anbietern (Wettbewerbern) sind drastische Preisreduzierungen, um den Wettbewerber aus dem Markt zu drängen, an der Tagesordnung.

Lösung 4   *Angebot und Nachfrage*

Die Preiselastizität der Nachfrage gibt an, wie sich die nachgefragte Menge bei einer Preisänderung verhält.

Die Preiselastizität ist definiert: $\varepsilon = \dfrac{\text{prozentuale Mengenänderung}}{\text{prozentuale Preisänderung}}$

Löst eine Preisänderung eine große Mengenänderung aus ($\varepsilon \geq 1$), so spricht man von einer elastischen Nachfrage. Ein Beispiel hierfür sind Markenartikel aller Art.

Wenn aber eine Preisänderung keine große Mengenänderung nach sich zieht, handelt es sich um eine unelastische Nachfrage ($\varepsilon < 1$). Beispiele hierfür sind lebensnotwendige Medikamente oder Sammlerobjekte.

Lösung 5 *Angebot und Nachfrage*

Nachfragekurve:

Die Nachfragekurve weist einen fallenden Verlauf von links oben nach rechts unten auf. Sie ist abhängig vom Marktpreis eines Produktes. Je höher der Preis, desto geringer ist die nachgefragte Menge und je niedriger der Preis, desto höher fällt die Nachfrage aus.

Kommt es zu einer Erhöhung der Nachfrage, ohne Marktpreisänderung (mehr Marktteilnehmer wollen das Produkt haben, weil es trendig ist), verschiebt sich die Nachfragekurve parallel nach rechts.

Umgekehrt verhält es sich bei einer Nachfragesenkung, ohne Marktpreisänderung (Einkommen sinkt, viele können sich das Produkt nicht mehr leisten), in diesem Fall verschiebt sich die Nachfragekurve parallel nach links.

Angebotskurve:

Die Angebotskurve weist einen steigenden Verlauf von links unten nach rechts oben auf. Sie ist ebenfalls abhängig vom Marktpreis eines Produktes. Je höher der Preis, desto größer ist das bereitgestellte Angebot, da viele Anbieter von den hohen Preisen profitieren wollen. Je niedriger der Preis, desto geringer fällt das Angebot aus.

Kommt es zu einer Erhöhung des Angebotes, bei gleichem Marktpreis (mehr Anbieter stellen das Produkt auf dem Markt zur Verfügung, weil sie sich hohe Renditen davon versprechen) verschiebt sich die Angebotskurve parallel nach rechts.

Umgekehrt verhält es sich bei einer Angebotssenkung, bei gleichem Marktpreis (Anbieter ziehen sich vom Markt zurück), in diesem Fall verschiebt sich die Angebotskurve parallel nach links.

Lösung 6 *Angebot und Nachfrage*

Beeinflussung der Nachfrage:

- Preis des Gutes
- Preise der Substitutionsgüter
- Bedarf des Nachfragers
- Höhe des zur Verfügung stehenden Einkommens
- ...

Beeinflussung des Angebots:

- Preis des Gutes,
- Trendaussagen über das Produkt
- Kosten der Produktion des Gutes
- Anzahl der Anbieter auf dem Markt
- ...

Wenn sich Nachfragekurve und Angebotskurve schneiden, liegt ein Gleichgewichts-preis vor, bei dem der Nachfrager bereit ist für das angebotene Produkt den ver-langten Preis zu bezahlen und der Anbieter bereit ist sein Produkt für den vereinbar-ten Preis zu verkaufen.

Lösung 7   *Angebot und Nachfrage*

zu a) Käufermarkt – Verkäufermarkt – Produzentenrente - Konsumentenrente

Angebotsüberschuss = Nachfragedefizit:

Aufgrund von hohen Preisen stellen die Anbieter hohe Mengen eines Gutes zur Ver-fügung (jeder Anbieter will seine Produkte zu hohen Preisen verkaufen), wobei die Nachfrager nicht bereit sind diesen hohen Preis zu bezahlen. Somit kommt es zu ei-nem Käufermarkt, da hier der Kunde eine große Macht besitzt die Preise zu seinen Gunsten zu beeinflussen. Der Anbieter senkt den Preis, um höhere Stückzahlen ver-kaufen zu können.

Angebotsdefizit = Nachfrageüberschuss:

Liegt genau der gegenteilige Sachverhalt vor (viele Nachfrager und ein geringes An-gebot), besteht ein sogenannter Verkäufermarkt, bei dem der Anbieter die preispo-litische Machtposition innehat und somit die Preise zu seinen Gunsten verändern kann.

Eine Produzentenrente bezeichnet die Differenz zwischen dem Marktpreis, den der Anbieter mit dem Verkauf seiner Produkte erzielt und dem niedrigeren Preis, zu dem er bereit gewesen wäre seine Produkte zu verkaufen. Grafisch liegt die Produ-zentenrente unterhalb der Marktpreisgeraden und oberhalb der Angebotskurve.

Die Konsumentenrente ist die Differenz zwischen dem Preis, den der Konsument be-reit ist maximal für ein Produkt zu bezahlen und dem tatsächlichen Marktpreis. Gra-fisch gesehen ist es die Fläche unterhalb der Nachfragekurve und oberhalb der waa-gerechten Preisgerade.

zu b) grafische Darstellung der Produzenten- und Konsumentenrente

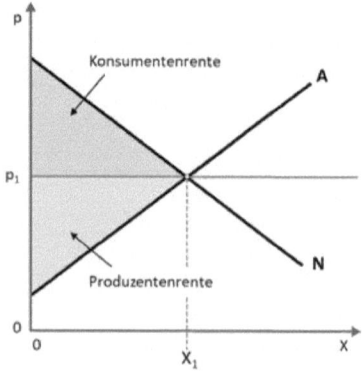

Lösung 8 *Marktpreis*

Signal- Informationsfunktion: Durch den Marktpreis wird die Knappheit eines Gutes dargestellt. Preisveränderungen signalisieren eine Verschiebung der Knappheitssituation und erfordern damit eine Reaktion der Marktteilnehmer.

Allokations- Lenkungsfunktion: Der Marktpreis lenkt die Produktionsfaktoren (Arbeit, Boden und Kapital). Dadurch wird verhindert, dass nicht marktfähige Güter produziert werden, d.h. diese Funktion sorgt für den sinnvollen Einsatz knapper Ressourcen in Unternehmen.

Selektionsfunktion: Die Preise am Markt (Marktpreise) sorgen dafür, dass Unternehmen (Anbieter), die nicht wirtschaftlich arbeiten und Kunden (Nachfrager), die sich die Produkte nicht leisten können, am Markt verschwinden.

Ausgleichsfunktion: Der Marktpreis sorgt für ein Gleichgewicht (Ausgleich) zwischen Angebot und Nachfrage.

Lösung 9 *Marktpreis*

Steigendes Angebot: Erhöht sich das Angebot (technischer Fortschritt in der Produktion) kommt es zu einer Rechtsverschiebung der Angebotskurve und somit automatisch zu niedrigeren Marktpreisen, da bei gleicher Nachfrage mehr Artikel zur Verfügung stehen, was eine Preisreduzierung nach sich zieht.

Sinkendes Angebot: Sinkt das Angebot (höhere Kosten in der Produktion) kommt es zu einer Links-verschiebung der Angebotskurve und somit automatisch zu höheren Marktpreisen, da bei gleicher Nachfrage weniger Artikel zur Verfügung stehen, was einen Preisanstieg bedeutet.

Steigende Nachfrage: Erhöht sich die Nachfrage (höheres Einkommen der Konsumenten) kommt es zu einer Rechtsverschiebung der Nachfragekurve und somit automatisch zu höheren Marktpreisen, da bei gleichem Angebot mehr Artikel nachgefragt werden, was eine Preissteigerung nach sich zieht.

Sinkende Nachfrage: Sinkt die Nachfrage (geringeres Einkommen der Konsumenten) kommt es zu einer Linksverschiebung der Nachfragekurve und somit automatisch zu niedrigeren Marktpreisen, da bei gleichem Angebot weniger Artikel nachgefragt werden, was eine Preisreduzierung bedeutet.

Lösung 10 *Wettbewerbspolitik*

Auslesefunktion: Der Wettbewerb sorgt dafür, dass nur die leistungsstärksten Anbieter sich durchsetzen. Gleiches gilt für die Nachfrageseite, d.h. es treten nur die Nachfrager auf, die bereit sind den geforderten Preis zu zahlen oder anders ausgedrückt, es nehmen nur diejenigen am Marktgeschehen teil, die sich das Produkt zu dem angebotenen Preis leisten können.

Kontrollfunktion: Der Wettbewerb bedingt, dass sich Anbieter untereinander kontrollieren (jeder Anbieter beobachtet die Leistung seines Konkurrenten).

Anreizfunktion: Um besser zu sein als der Wettbewerb muss der Anbieter entweder einen USP (Alleinstellungsmerkmal) besitzen oder seine Produkte und Dienstleistungen ständig optimieren.

Lösung 11   *Soziale Marktwirtschaft*

Zu den indirekten Eingriffsmaßnahmen des Staates zählen unter anderem:

- Subventionen: Subventionen sind Unterstützungen (Zuschüsse) des Staates für Unternehmen, ohne von diesen eine Gegenleistung zu verlangen. Diese Zuschüsse dienen der Förderung der Wirtschaft. Beispiele für Subventionen sind Steuervergünstigungen, Erlaubnis zum Verkauf unterhalb der Produktionskosten oder situationsbedingte Zuschüsse (Kohlepfennig).

- Zölle: Eine Senkung der Einfuhrzölle führt zu einem höheren Warenangebot, da mehr Waren aus dem Ausland angeboten werden, was wiederum einen Preisanstieg im Inland vermeidet. Eine Erhöhung der Einfuhrzölle oder der Beschluss Einfuhrzölle überhaupt einzuführen, bewirkt genau das Gegenteil.

- Mengenregulierungen: Mengenregulierungen (Einfuhrverbote) dienen dazu die einheimischen Produkte vor Wettbewerb aus dem Ausland zu schützen oder das Angebot im Inland künstlich zu verknappen.

- Verbrauchssteuer: Durch die Erhöhung der Verbrauchssteuer werden einzelne Produkte teurer (Zigaretten), was das Kaufverhalten der Konsumenten beeinflusst (weniger Raucher, weniger Kranke). Nachteilig wirkt sich bei den Verbrauchssteuern aus, dass die Staatseinnahmen sinken.

Lösung 12   *Mindestpreis - Höchstpreis*

Eine vom Staat festgelegte Preisuntergrenze, die nicht unterschritten werden darf, wird als Mindestpreis bezeichnet. Dieser Mindestpreis liegt oberhalb des sich eigentlich bildenden Gleichgewichtspreises.

Ziel dieses Mindestpreises ist es dem Anbieter ein gewisses Maß an Einnahmen zu garantieren und ihn zu schützen. Aber durch eben diese Mindestpreispolitik wird der Anbieter den Markt mit seinen Artikeln „überschwemmen" und einen Angebotsüberhang erzeugen.

Ein Beispiel für den Mindestpreis ist der 2015 eingeführte Mindestlohn.

Die Gefahr bei der Mindestpreispolitik liegt in der Entstehung von sogenannten „grauen Märkten", in denen die Mehrproduktion unter dem festgelegten Mindestpreis gehandelt wird.

Zum Schutz der Nachfrager kann der Staat einen sogenannten Höchstpreis festsetzen. Hierbei handelt es sich um einen Marktpreis, der nicht überschritten werden darf und unterhalb des sich normalerweise bildenden Gleichgewichtspreises liegt.

Ein Beispiel für die Höchstpreispolitik ist der soziale Wohnungsbau.

Die Problematik der Höchstpreispolitik liegt in der Entstehung von „Schwarzmärkten", in denen die Güter zu einem höheren Preis verkauft werden, als es die Höchstpreispolitik vorsieht. Somit werden die staatlichen Maßnahmen konterkariert.

Grafische Darstellung:

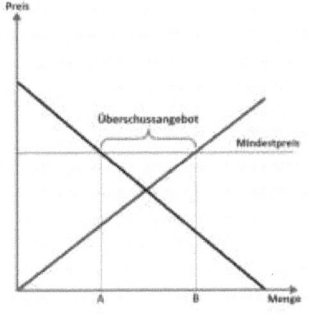 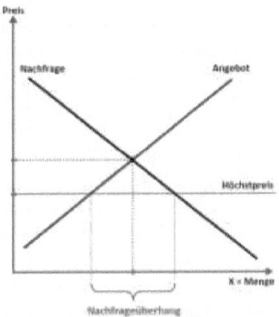

Lösung 13   Wirtschaftskreislauf

Die in einem Wirtschaftskreislauf vorhandenen Sektoren lauten: Staat, Unternehmen, private Haushalte, Banken und Ausland. Der Kreislauf wird durch folgende Prozesse dynamisiert.

Die Unternehmen und die privaten Haushalte zahlen an den Staat Steuern und legen Gelder zum Sparen bei der Bank an. Die Bank wiederum stellt Investitionskredite für die Unternehmen und Privatkredite für die privaten Haushalte zur Verfügung. Die privaten Haushalte erhalten das sogenannte Faktoreinkommen vom Staat (Beamte) oder von Unternehmen im In- und Ausland (Angestellte).

Zwischen dem Ausland und den Unternehmen laufen zahlreiche Import- Exportgeschäfte. Der Staat leistet an die privaten Haushalte sogenannte Transferleistungen (Arbeitslosengeld, Sozialleistungen ...) und unterstützt Unternehmen durch Subventionen.

Lösung 14   BIP und BNE

Strategische

Das **Bruttoinlandsprodukt (BIP)** errechnet die Euro-Werte der Güter und Dienstleistungen, die innerhalb einer Periode, meistens ein Jahr, im Inland produziert worden sind (Inlandskonzept). Dieses Inlandskonzept basiert auf der Erfassung aller im Inland (geografische Grenze) produzierten Güter und Dienstleistungen, unabhängig, ob der Wohnsitz des Leistungserbringers im In- oder Ausland liegt. Wichtig ist, dass es zu keinen Doppelzählungen kommt, d.h. die Vorleistung [Produktionsleistungen der vorgelagerten Produktionsstufe (vertikale Produktionsstufe)] muss von der Gesamtleistung abgezogen werden.

Im Gegensatz dazu basiert das **Bruttonationaleinkommen (BNE)** auf dem sogenannten Inländerkonzept, d.h. es wird die Wirtschaftsleistung gemessen, die von natürlichen Personen mit ständigem Wohnsitz im Inland erbracht werden. Hierbei spielt es keine Rolle, ob die Leistung im In- oder Ausland erzielt wurde.

Nominales BIP: Basis sind die Marktpreise, Veränderungen zur Vorperiode können aus Abweichungen des Preises und oder der Menge herrühren.

Reales BIP: Basis ist ein festgelegtes Jahr, welches als Bezugsjahr herangezogen wird. Hierbei wird die Veränderung zum Bezugsjahr in Prozent gemessen.

Nominales BNE: Basis sind die Marktpreise, Veränderungen zur Vorperiode können aus Abweichungen des Preises und oder der Menge herrühren.

Reales BNE: Basis ist ein festgelegtes Jahr, welches als Bezugsjahr herangezogen wird. Hierbei wird die Veränderung zum Bezugsjahr in Prozent gemessen.

BNE = BIP – Inlandseinkommen von Ausländern + Auslandseinkommen von Inländern.

Lösung 15   *BIP*

Entstehungsrechnung: Die Entstehungsrechnung analysiert wo die Wirtschaftsleistung eines Landes entstanden ist. Diese stammt entweder von Unternehmen (produzierte Güter und Dienstleistungen zu Marktpreisen), vom Staat (Dienstleistungen für die Allgemeinheit, basierend auf den Kosten der Produktionsfaktoren, die dafür aufgewandt wurden) und von privaten Haushalten (hier werden Eigenleistungen nicht berücksichtigt). Die Entstehungsrechnung betrachtet das Ganze aus Sicht der Produzenten.

Verwendungsrechnung: Die Verwendungsrechnung beschäftigt sich mit der Frage: Wofür wurde die erbrachte Leistung verwendet? Diese erbrachten Leistungen können entweder konsumiert, investiert oder exportiert werden.

Verteilungsrechnung: Die Verteilungsrechnung stellt einen zusätzlichen Weg dar das BIP, bzw. das BNE zu berechnen. Hierbei geht es nicht um die Leistung (Güter und Dienstleistungen), die in der entsprechenden Periode erbracht wurde, sondern um die Einkommensseite, d.h. um die im Inland entstandenen Einkommen oder um die von Inländern empfangenen Einkommen, die diese aus ihrer Tätigkeit zur Produktionserstellung beziehen.

Lösung 16   *Lohn- und Gewinnquote*

Lohnquote: Die Lohnquote beschreibt das Verhältnis des Entgeltes der Arbeitnehmer (AN) zum Volkseinkommen und gilt als Indikator für die Einkommensverteilung.

$$\text{Lohnquote} = \frac{\text{Entgelt des AN}}{\text{Volkseinkommen}} * 100$$

Gewinnquote: Die Gewinnquote stellt den Anteil des Gewinneinkommens zum Volkseinkommen dar. Unter Gewinneinkommen versteht man den Gewinn, der von Unternehmen, von Freiberuflern und als Zinseinnahme aus Mieten und Pachten erzielt wird.

$$\text{Gewinnquote} = \frac{\text{Gewinneinkommen}}{\text{Volkseinkommen}} * 100$$

Lösung 17   *Einkommensumverteilung*

zu a) Definition Volkseinkommen

Das Volkseinkommen ist die Summe der Einkommen aus nicht selbstständiger Arbeit (Arbeitnehmerentgelt), Unternehmenseinkommen (inklusive Einkommen aus der Tätigkeit als Freiberufler) und Vermögenseinkommen (Kapitalerträge, Erträge aus Mieten und Pachten).

zu b) Eingriffsmöglichkeiten des Staates in die Einkommensverteilung

Der Staat besitzt zwei Möglichkeiten in die Einkommensverteilung einzugreifen. Einmal über die Primärverteilung, indem er für die Menschen, die keine Leistung am Markt erbringen können, Unterstützungen vorsieht (Arbeitslosengeld) und ein anderes Mal über die Sekundärverteilung, bei der der Staat die Möglichkeit hat Menschen mit hohen Einkommen anders zu besteuern, als Menschen mit geringem Einkommen.

zu c) Zusammensetzung und Verwendung des verfügbaren Einkommens der privaten Haushalte

Das verfügbare Einkommen errechnet sich als Primäreinkommen der privaten Haushalte, abzüglich der direkten Steuern, der Sozialversicherungsbeiträge und zuzüglich der Transferzahlungen des Staates.

Das verfügbare Einkommen kann der Konsument entweder sparen oder ausgeben, beispielsweise für Produktionsgüter, die Unternehmen herstellen.

Lösung 18   *Konjunkturzyklus*

Der Konjunkturzyklus besteht aus folgenden Phasen:

- Erholungsphase (Aufschwung)
- Boomphase
- Rezessionsphase
- Depressionsphase

Als Konjunkturindikatoren gelten: Zahl der Auftragseingänge, Entwicklung der Arbeitslosenquote, Entwicklung des Preisniveaus...

Lösung 19   *Stabilitätsgesetz*

Das magische Viereck, auch Stabilitätsgesetz von 1967 genannt, soll das gesamtwirtschaftliche Gleichgewicht darstellen.

Hierunter fallen:

- Stabilität des Preises

- hoher Beschäftigungsgrad (Vollbeschäftigung)

- außenwirtschaftliches Gleichgewicht

- angemessenes Wirtschaftswachstum

Da alle vier Stabilitätskriterien nicht gleichzeitig zu erreichen sind, spricht man von einem „magischen Viereck". So ist beispielsweise Vollbeschäftigung und ein stabiles Preisniveau nicht gemeinsam umsetzbar. Bei Vollbeschäftigung wird die Nachfrage steigen, damit steigen auch die Preise.

Die Komponenten des magischen Vierecks werden durch die Ökologiekomponente und die sozialgerechte Einkommensverteilung „zum magischen Sechseck" ergänzt.

Lösung 20   *Arbeitslosigkeit*

zu a) Wann ist jemand arbeitslos?

In Deutschland gilt jemand als arbeitslos, wenn er nicht mehr als 14h/Woche arbeitet, sich arbeitslos gemeldet hat, eine Stelle (>15h/Woche) sucht oder dem Arbeitsmarkt zur Verfügung steht, d.h. die Stelle sofort antreten kann.

zu b) Definition der Arbeitslosenquote

Die Arbeitslosenquote ist wie folgt definiert:

$$\text{Arbeitslosenquote} = \frac{\text{registrierte Arbeitslose}}{\text{Summe der Erwerbstätigen}} * 100$$

zu c) Vollbeschäftigung

In Deutschland wird von einer Vollbeschäftigung ausgegangen, wenn die Arbeitslosenquote unter 3,5% liegt. Die Zahl ändert sich regelmäßig und wird der konjunkturellen Entwicklung angepasst.

zu d) „Offene" und „verdeckte" Arbeitslosigkeit

Von einer offenen Arbeitslosigkeit spricht man, wenn alle Arbeitslosen statistisch registriert sind, d.h. der Arbeitslose hat sich bei der Agentur für Arbeit gemeldet und steht der Arbeitsvermittlung zur Verfügung.

Von einer verdeckten Arbeitslosigkeit spricht man, wenn sich Arbeitssuchende nicht bei der Agentur für Arbeit als arbeitslos melden oder sich in Qualifizierungs-oder Umschulungsmaßnahmen befinden.

zu e) Vier verschiedene Formen der Arbeitslosigkeit

Friktionelle Arbeitslosigkeit (kurzfristig): Wechselt der Arbeitnehmer die Stelle und es ist kein fließender Übertritt möglich oder findet er nach seiner Ausbildung nicht direkt eine Anschlussbeschäftigung, spricht man von einer friktionellen Arbeitslosigkeit.

Konjunkturelle Arbeitslosigkeit (mittelfristig): Verschlechtert sich die gesamtwirtschaftliche Lage sind Unternehmen oftmals gezwungen Mitarbeiter zu entlassen.

Liegt der Grund für die Arbeitslosigkeit in der konjunkturellen Entwicklung, spricht man von einer konjunkturellen Arbeitslosigkeit.

Strukturelle Arbeitslosigkeit (langfristig): Im Zuge der technischen Entwicklung werden viele Arbeitnehmer durch Maschinen ersetzt, ebenso sind wirtschaftliche Veränderungen Schuld an einer entstehenden Arbeitslosigkeit, wenn beispielsweise ganze Branchen davon betroffen sind (Bergbau). Sind technologische und wirtschaftliche Veränderungen, wie beispielsweise durch die Globalisierung, der Grund für eine entstehende Arbeitslosigkeit, spricht man von einer strukturellen Arbeitslosigkeit.

Saisonal bedingte Arbeitslosigkeit: Witterungsbedingte Anlässe (Dachdecker im Winter, Angestellte in Hotels in südlichen Regionen im Winter) führen zu einer saisonal bedingten Arbeitslosigkeit.

Lösung 21   Arbeitslosigkeit

Strukturelle Arbeitslosigkeit fasst unterschiedliche Typen von Arbeitslosigkeit zusammen.

* sektorale Arbeitslosigkeit: auf Grund des Wettbewerbs werden Produktionsbereiche aufgelöst oder ins Ausland verlagert
* regionale Arbeitslosigkeit: fehlende Kaufkraft in strukturschwachen Regionen
* technologische Arbeitslosigkeit: Ersatz des Menschen durch Maschinen auf Grund der zunehmenden Automatisierung
* qualifikationsspezifische Arbeitslosigkeit: Anforderung der Stelle und Qualifikation des Arbeitslosen passen nicht zusammen

sozialrechtliche Arbeitslosigkeit: hohes Arbeitslosengeld schafft keine Anreize zur Jobannahme

Lösung 22   Inflation - Deflation

Ausschlaggebend für die Inflationsrate ist eine der Säulen des magischen Vierecks – das stabile Preisniveau. Solange sich das Ansteigen und Sinken der Preise von Gütern ausgleicht, spricht man von einer Preisstabilität.

Eine Inflation tritt dann auf, wenn das allgemeine Preisniveau steigt und damit der Wert des Geldes sinkt, d.h. man kann für einen Eurobetrag weniger kaufen, bzw. der Euro ist weniger wert als vorher. Zur Ermittlung der Inflationsrate wird ein Verbraucherpreisindex ermittelt, dem ein Warenkorb zugrunde liegt. Zu den Gütern des Warenkorbs, die monatlich erhoben werden, gehören: Strom, Wasser, Bus- und Bahntickets, Gelder für Dienstleistungen (Friseur), Bekleidung, Nahrungsmittel & Getränke etc. Die Preise für diese Güter und Dienstleistungen werden dann mit den Verbrauchsmengen multipliziert und zur Konsumsumme addiert. Jetzt wird die neue Konsumsumme mit der Konsumsumme aus dem Basisjahr verglichen. Daraus leitet sich ein Verbraucherpreisindex (VPI) ab, der jährlich ermittelt wird und die Basis für die Inflationsrate bildet.

Sollte sich der Verbraucherpreisindex um mehr als 2%, im Vergleich zum Vorjahr, erhöhen, spricht man von einer Inflation.

$$\text{Verbraucherpreisindex} = \frac{\text{Konsumsumme (p*q) des laufenden Jahres}}{\text{Konsumsumme (p*q) des Basisjahres}} * 100$$

$$\text{Inflationsrate} = \frac{\text{VPI des laufenden Jahres - VPI des Vorjahres}}{\text{VPI des Vorjahres}} * 100$$

Unter Deflation versteht man den Rückgang des allgemeinen Preisniveaus, d.h. der umgekehrte Effekt der Inflation. Für einen Eurobetrag kann man nun mehr kaufen, der Euro ist mehr wert als vorher.

Lösung 23   *Inflation - Deflation*

Profiteure der Inflation:

<u>Banken</u>: Schulden verlieren an Wert, hiervon profitieren vor allem die Banken, da sie selbst kaum Eigenkapital halten, sich aber Geld bei der Zentralbank leihen.

<u>Staat</u>: Ist die Inflationsrate höher als der Zins mit dem sich der Staat Geld geliehen hat, entschuldet sich der Staat.

<u>Unternehmen</u>: Liegen die Lohnsteigerungen unter der Inflationsrate sinken die realen Lohnkosten.

Betroffene der Inflation:

<u>Private Haushalte</u>: Geld ist weniger wert, d.h. für die gleiche Summe kann weniger gekauft werden.

<u>Private Haushalte mit Spareinlagen</u>: Sie sind von einer Inflation betroffen, da ihr erspartes Vermögen weniger wert ist.

<u>Immobilien und vor allem Sachwerte</u>, wie Gemälde etc. bleiben von einer Inflation eher unbeeindruckt.

Profiteure der Deflation:

<u>Private Haushalte</u>: Der Erwerb von Sachwerten und die Kosten für die Inanspruchnahme von Dienstleistungen nehmen ab.

<u>Rentner</u>: Rentner können sich für das gleiche Geld mehr leisten, die Kaufkraft der Rente steigt.

Betroffene der Deflation:

Staat: Lohneinbußen bei den privaten Haushalten und steigende Arbeitslosigkeit, als Folge der Deflation, führen zu sinkenden Staatseinnahmen und bei gleichen Staatsausgaben zu einer höheren Staatsverschuldung.

Unternehmen: Ein sinkendes Preisniveau führt zwangsweise zu geringeren Umsätzen und bei gleichen Kosten zu weniger Gewinn, was wiederum dazu führen kann, dass Mitarbeiter entlassen werden müssen.

Lösung 24   *Geldpolitik*

Das Hauptziel der EZB ist die Stabilisierung des Preisniveaus in der Euro-Zone. Dieses Ziel gilt als erfüllt, wenn der Verbraucherpreisindex nicht stärker als 2% steigt, was sowohl eine Inflation, als auch eine Deflation vermeidet.

Unter der „Zwei-Säulen-Strategie" der EZB werden die Steuerung der Geldmenge (4,5% Wachstum jährlich) und die Steuerung der Inflationsrate (unterhalb von 2%) verstanden.

Zwei geldpolitische Instrumente der EZB sind beispielsweise Zinsänderungen oder Liquiditätsmaßnahmen.

Senkt die EZB die Zinsen führt das zu einer Steigerung der Nachfrage nach Krediten, was wiederum zu einem Anstieg der Geldmenge führt. Hebt die EZB die Zinsen an, bewirkt dies den gegenteiligen Effekt. Wird seitens der EZB dem Markt Liquidität zugeführt (Ankauf von Wertpapieren am offenen Markt), verursacht dies eine Erhöhung des Kreditangebots und damit eine Zinssenkung sowie eine Erhöhung der Kreditnachfrage. Vermindert die EZB die Liquiditätszufuhr (Verkauf von Wertpapieren am offenen Markt) entsteht die gegenteilige Wirkung.

Lösung 25   *Geldpolitik*

Hauptrefinanzierungsgeschäfte: Banken beschaffen sich wöchentlich Geld, mit 14-tägiger Laufzeit, bei der EZB und müssen dafür Wertpapiere als Sicherheit hinterlegen sowie einen Zins für das geliehene Geld bezahlen. Dieser Zinssatz ist der sogenannte Leitzins, der Referenzzinssatz, an dem sich alle weiteren Zinsen der Geschäftsbanken orientieren.

Längerfristige Refinanzierungsgeschäfte: Ähnliche Struktur wie bei den Hauptrefinanzierungsgeschäften, lediglich die Laufzeit wird verlängert. Die EZB bietet den Geschäftsbanken, im monatlichen Rhythmus, Geld mit einer Laufzeit von drei Monaten an.

Feinsteuerungsoperationen: Feinsteuerungsoperationen werden eingesetzt, um unerwarteten Liquiditätsschwankungen der Banken entgegenzuwirken. Somit sollen starke Zinsausschläge am Geldmarkt verhindert werden. Diese Maßnahmen werden meistens dann eingesetzt, wenn es zu starken Schwankungen der Einlagenhöhe bei

Geschäftsbanken auf Girokonten der privaten Haushalte und oder der Unternehmen kommt.

Strukturelle Operationen: Strukturelle Operationen sollen die Abhängigkeit der Liquidität von Geschäftsbanken im Euroraum von der EZB manifestieren, d.h. die Abhängigkeit der Banken von den Refinanzierungsgeschäften sichern. Die EZB kann nur dann Einfluss auf das Zinsniveau, innerhalb der Europäischen Union ausüben, wenn die Banken Kredite bei der EZB aufnehmen müssen.

Lösung 26   *Geldpolitik*

Ständige Fazilitäten:

Die EZB bietet den Geschäftsbanken an, innerhalb eines Zeitrahmens von einem Tag (24h), sich einerseits Geld zu leihen (Spitzenrefinanzierungsfazilität) und andererseits Geld als Guthaben anzulegen (Einlagefazilität). Diese Geschäfte müssen nicht separat angemeldet werden.

Wenn am Ende des Tages das Konto der Geschäftsbank bei der EZB ein Minus aufweist, wird automatisch die Spitzenrefinanzierungsfazilität in Gang gesetzt. Ähnlich verhält es sich bei Guthaben auf dem Geschäftskonto der Banken bei der EZB, nur wird nun die Einlagefazilität aktiviert.

Mindestreservepolitik:

Die Mindestreservepolitik verpflichtet die Geschäftsbanken einen prozentualen Anteil der Kundeneinlagen als Mindestbetrag bei der EZB zu halten (hinterlegen). Je höher die Mindestreservesätze sind, umso weniger Geld steht den Banken für ihre Geschäfte zur Verfügung und umgekehrt.

Somit wird die Geldmenge, die den Banken zur Verfügung steht, von der EZB beeinflusst. Die Mindestreserve wird mit einem Zinssatz, der dem Durchschnittszinssatz für die Hauptrefinanzierungsgeschäfte entspricht, von der EZB verzinst.

Lösung 27   *Geldpolitik*

Beeinflussungen:

- durch die internationalen Zusammenhänge haben geldpolitische Entscheidungen aus China oder von der Federal Reserve Bank (amerikanische Notenbank) auch unmittelbar Einfluss auf die Geldpolitik und damit auf die Preisstabilität im Euroraum

- hohe Tarifabschlüsse können zur Inflation führen und somit starken Einfluss auf die Geldpolitik ausüben

- Leitzinssenkungen oder Leitzinserhöhungen beeinflussen in erster Linie die Geschäftsbanken, ohne zu wissen, ob und wann diese Veränderungen an die Unternehmen und privaten Haushalte weitergegeben werden

- fehlt die Abstimmung der nationalen Finanzsysteme mit der EZB, kann dies zu Störungen in der europäischen Geldpolitik führen

Aufgaben:

- Stabilisierung des europäischen Finanzsystems
- Geldversorgung im Euroraum
- Stabilität des Preisniveaus im Euroraum
- Überwachung des nationalen und internationalen Zahlungsverkehrs
- ...

Lösung 28   *Geldpolitik*

Der Leitzins ist der Refinanzierungszinssatz, zu dem sich europäische Geschäftsbanken Geld bei der EZB leihen können. Eine Senkung des Leitzinssatzes hat eine Ankurblung der Wirtschaft im Euroraum zur Folge. Senkt die EZB die Zinsen führt das zu einer Steigerung der Nachfrage nach Krediten, was wiederum zu einem Anstieg der Geldmenge führt. Hebt die EZB die Zinsen an, bewirkt dies das Gegenteil.

Lösung 29   *Wirtschaftspolitische Maßnahmen*

Finanzpolitik:

- Beschaffung von Einnahmen zur Finanzierung öffentlicher Maßnahmen, Haupteinnahmequelle des Staates sind die Steuereinnahmen
- gerechtere Einkommensverteilung: durch unterschiedliche Höhen von Steuersätzen und Sozialversicherungsbeiträgen sollen ungleiche Einkommensverteilungen ausgeglichen werden
- antizyklische Fiskalpolitik: In Boom-Phasen soll die Fiskalpolitik eher restriktiv betrieben werden, d.h. Ausgaben sollen gesenkt und Einnahmen gesteigert werden. In Phasen einer Rezession soll eine expansive Finanzpolitik (Ausgaben steigern und Einnahmen senken) dazu führen die Wirtschaft anzukurbeln

Wachstumspolitik:

- Förderung des Wirtschaftswachstums aus quantitativer Sicht (Erhöhung des realen BIPs, Erhöhung des Einkommens der Haushalte)
- Förderung des Wirtschaftswachstums aus qualitativer Sicht (Verbesserung der Lebensqualität durch Steigerung der Sicherheit, Schonung der Umwelt oder Erhöhung des Gesundheitsangebotes etc.)

Tarifpolitik:

- Verhandlungen zwischen Arbeitgeber und Arbeitnehmerseite über Lohnerhöhungen (je höher der Lohn, desto höher die Ausgaben, die die Wirtschaft ankurbeln ⇨ Kaufkrafttheorie)
- verbesserte berufliche Situationen für die Berufstätigen (Einkommensgarantien durch Laufzeit der Verträge ...)

Arbeitsmarktpolitik:

- sozialverträgliche Situation auf dem Arbeitsmarkt
- Einhaltung von Mindeststandards (Kündigungsfristen, Arbeitsschutz...)
- Unterstützung bei der Jobsuche durch die Agentur für Arbeit
- Schaffung von Arbeitsplätzen durch gezielte Maßnahmen (Entlastung der Unternehmen...)

Umweltpolitik:

- Vorsorgeprinzip: Vermeidung von Umweltschäden
- Verursacherprinzip: es trägt derjenige die Kosten, der für die Umweltbelastungen verantwortlich ist
- Nachhaltigkeitsprinzip: hohe Umweltqualität für die nachfolgenden Generationen hinterlassen
- sparsame Nutzung der nicht erneuerbaren Energien
- Verwendung von ökologisch abbaubaren Stoffen
- breite Aufklärung und Information für die Bevölkerung
- Umweltabgaben von Unternehmen verlangen, die die Umwelt stark belasten

Die Staatsverschuldung ist in den Jahren 2013 – 2016 gestiegen, weil außergewöhnliche Maßnahmen zu einer höheren Aufnahme von Krediten geführt haben.

Hierzu zählten:

- Rettung inländischer Banken (Commerzbank) im Zuge der Bankenkrise
- Griechenlandhilfe im Zuge der europäischen Wirtschaftskrise
- Konjunkturprogramme zur Stabilisierung der eigenen Wirtschaft (Abwrackprämie in 2009)
- Hilfe bei eingetretenen Naturkatastrophen (Hochwasser in Bayern)

Volkswirtschaftliche Folgen einer steigenden Staatsverschuldung könnten dazu führen, dass für gesellschaftliche und soziale Projekte (Kindergärten, Ausbau der Infrastruktur etc.) keine Gelder vorhanden sind.

Weiterhin kann bei einem Verstoß gegen die Maastricht-Kriterien (Festlegung einer Schuldenobergrenze) ein kostspieliges Strafverfahren gegen den jeweiligen Staat eingeleitet werden.

Lösung 30   *Freihandel und Protektionismus*

Freihandel:
Beim Freihandel erfolgt ein freier, unbeschränkter Zugang zu den jeweiligen Märkten. Der Staat verzichtet auf jegliche Einflussnahme wie Zölle oder sonstige Reglementierungen.

Vorteile des Freihandels sind:
- freier Wettbewerb (der Bessere gewinnt)
- vielfältiges Angebot von Gütern und Dienstleistungen
- Unternehmen bieten weltweit ihre Waren an
- ...

Nachteile des Freihandels sind:
- Entstehung von Monokulturen möglich
- Verdrängung von leistungsschwachen Unternehmen, was für die Mitarbeiter zum Verlust des Arbeitsplatzes führt
- Entwicklungsländer haben weniger Chancen
- Abhängigkeit vom Ausland wächst
- ...

Protektionismus:
Zum Schutz der inländischen Wirtschaft ergreifen Staaten zahlreiche Maßnahmen, um ausländische Handelspartner auf dem inländischen Markt zu benachteiligen. Hierbei werden tarifäre Handelshemmnisse, die sich eher an preispolitischen Maßnahmen orientieren und nicht tarifäre Handelshemmnisse, die sich hauptsächlich mit Mengenbeschränkungen beschäftigen, unterschieden.
Zu den tarifären Handelshemmnissen gehören Subventionen und Importzölle, wohingegen nicht tarifäre Handelshemmnisse auf Importkontingente, Ein- und Ausfuhrverbote oder Sicherheitsstandards bei der Einfuhr von Produkten abzielen.

Vorteile des Protektionismus sind:
- Schutz der einheimischen Wirtschaft
- zusätzliche Einnahmen durch Zölle für den Staat
- Steigerung der einheimischen Wirtschaftskraft ⇨ sichere Arbeitsplätze
- Steigerung der einheimischen Wirtschaftskraft ⇨ mehr Investitionen ⇨ mehr Wirtschaftswachstum
- ...

Nachteile des Freihandels sind:
- wirtschaftlich schwächere Länder, die vom Export leben, werden benachteiligt
- Behinderung von innovativen Entwicklungen
- möglicherweise höhere Preise für die Verbraucher, da ausländische Wettbewerber ihre preisgünstigeren Produkte nicht oder nur noch teurer auf dem inländischen Markt anbieten können
- innerbetriebliche Wettbewerbsnachteile der inländischen Unternehmen werden nicht erkannt, bzw. nicht behoben
- ...

Lösung 31   *Europäischer Binnenmarkt*

Unter einem „Europäischen Binnenmarkt" versteht man einen europäischen Wirtschaftsraum ohne Grenzen. Der Europäische Binnenmarkt muss die sogenannten vier Freiheiten erfüllen.

Personenverkehrsfreiheit: Keine Grenzkontrollen (Schengener Abkommen), allen EU-Bürgern wird das Recht eingeräumt, sich in jedem Land der EU frei zu bewegen, einen Beruf auszuüben und dort zu leben.

Warenverkehrsfreiheit: Freier Austausch von Waren aller Art ohne Zölle oder sonstiger reglementierender Maßnahmen eines Mitgliedlandes.

Dienstleistungsfreiheit: Die angebotenen Dienstleistungen von Unternehmen können überall in der EU in Anspruch genommen werden, unabhängig aus welchem Mitgliedsstaat sie kommen.

Kapitalverkehrsfreiheit: Kapitalflüsse innerhalb der Mitgliedsstaaten unterliegen keiner Restriktion. Öffnung der Finanzmärkte, Erleichterung im Zahlungsverkehr durch die Schaffung einheitlicher Strukturen (SEPA).

Lösung 32   *Wirtschafts- und Währungsunion*

Die Konvergenzkriterien setzen sich wie folgt zusammen:

- Stabilität des Außenwertes der nationalen Währung für zwei Jahre
- die Gesamtsumme der Schulden eines Landes darf 60% des BIP nicht übersteigen
- Zinssatz für langfristige Kredite darf maximal 2%-Punkte über dem Durchschnittswert des Zinssatzes liegen, den die drei preisstabilsten Mitgliedsländer aufweisen
- die Inflationsrate darf im Jahr vor dem EU-Beitritt nicht 1,5% über dem Durchschnittswert der Inflationsraten liegen, den die drei preisstabilsten Mitgliedsländer aufweisen
- die Nettoverschuldung darf nicht mehr als 3% des BIP betragen

Lösung 33   *Betriebliche Funktionen*

Produktion

Definition: Produktion ist der Prozess der betrieblichen Leistungserstellung innerhalb von Produktionsbetrieben.

Aufgaben: Die Produktion hat die Aufgaben Produkte in der geforderten Menge, mit der erwarteten Qualität zum gewünschten Zeitpunkt herzustellen und dies so kostengünstig wie möglich.

<u>Ziele</u>: Ziel der Produktion ist die Fertigung von Artikeln, die zum wirtschaftlichen Erfolg beitragen und damit für die Erhaltung von Arbeitsplätzen sorgen. Weiterhin zählen die Kosten- und die Qualitätsoptimierung zu den Zielen der Produktion.

<u>Bereiche</u>: Zu den Produktionsbereichen gehören unter anderem das Produktionsprogramm, die Produktionstiefe, die unterschiedlichen Produktionsverfahren sowie die Produktionssteuerung.

Personal

<u>Definition</u>: Der Bereich Personal kümmert sich im Unternehmen um die Belange aller Mitarbeiter.

<u>Aufgaben</u>: Aufgaben des Personalbereichs sind unter anderem die weitsichtige Personalentwicklung, die rechtzeitige Personalplanung, der effiziente Personaleinsatz sowie die qualitative Personalausbildung.

<u>Ziele</u>: Die rechtzeitige Bereitstellung von qualitativ gut ausgebildetem Personal, die Schaffung eines angenehmen Betriebsklimas, der gezielte Einsatz der Arbeitskraft, die Umsetzung von Arbeitsschutzmaßnahmen…

<u>Bereiche</u>: Zu den Personalbereichen gehören unter anderem das Personalcontrolling oder die Personalverwaltung.

Investition

<u>Definition</u>: Investition ist die Mittelverwendung, d.h. hier wird bestimmt, wofür das beschaffte Kapital ausgegeben wird. Die Investitionsseite wird auch als Vermögensseite bezeichnet.

<u>Aufgaben</u>: Zu den Aufgaben der Investition gehören unter anderem der Kauf von Anlagegütern (Maschinen) zur Produktion von Gütern oder die Beschaffung von Anlagegütern, um die produzierten Artikel verkaufen zu können (Fuhrpark).

<u>Ziele</u>: Sicherung der Zahlungsfähigkeit durch den Verkauf, der auf den Investitionsgütern hergestellten Produkte, Steigerung der Unternehmensrentabilität sowie die Sicherung der Unabhängigkeit, beispielsweise von Banken oder Investoren.

<u>Bereiche bzw. Arten der Investition</u>: Sachinvestitionen (Maschinen), Finanzinvestitionen (Beteiligungen) und immaterielle Investitionen (Weiterbildung).

Finanzierung

<u>Definition</u>: Finanzierung ist die sogenannte Mittelherkunft, d.h. sie beschäftigt sich mit der Kapitalbeschaffung. Die Finanzierungsseite wird auch als Kapitalseite bezeichnet.

<u>Aufgaben</u>: Die Finanzierung hat die Kernaufgabe Kapital in Form von Sach- und Finanzmitteln zu beschaffen, um Investitionen durchführen zu können und dies möglichst kostengünstig und effizient.

Ziele: Ziel der Finanzierung ist die Sicherung der Liquidität, d.h. die richtige Menge an finanziellen Mitteln zum richtigen Zeitpunkt unter dem Gesichtspunkt der Kostenoptimierung zur Verfügung zu stellen.

Bereiche: Insgesamt gibt es vier verschiedene Finanzierungsbereiche:

- Außen- Eigenfinanzierung: beispielsweise die Aufnahme eines Gesellschafters
- Außen- Fremdfinanzierung: beispielsweise ein Bankkredit
- Innen- Eigenfinanzierung: beispielsweise eine Gewinnthesaurierung (Einbehaltung von Gewinnen)
- Innen- Fremdfinanzierung: beispielsweise die Finanzierung aus Pensionsrückstellungen

Rechnungswesen

Definition: Alle Geschäftsvorgänge im Unternehmen werden im Rechnungswesen erfasst, bewertet und zur Kosten- und Ertragsermittlung verwendet.

Aufgaben / Ziele: Dokumentation aller Geschäftsvorfälle, Darstellung der ökonomischen Größen gegenüber Gesellschaftern, Gläubigern und der Öffentlichkeit.

Bereiche: Finanzbuchhaltung, Kosten- und Leistungsrechnung, Planungsrechnung & Statistik, internes- und externes Rechnungswesen.

Marketing

Definition: Marketing beschreibt die Vermarktung von Produkten und Dienstleistungen sowie die Erstellung eines Konzeptes zur Unternehmensführung unter dem Gesichtspunkt der Kundenorientierung.

Aufgaben: Durch den Einsatz der Marketing-Instrumente sollen die Kunden zum Kauf der Produkte oder der Inanspruchnahme der Dienstleistungen animiert werden.

Ziele: Erhöhung der Marktanteile, Neukundengewinnung, positive Darstellung des Unternehmens in der Öffentlichkeit.

Bereiche: Marketing-Controlling, Handels-Marketing, Dienstleistungs-Marketing...

Logistik

Definition: Innerhalb der Logistik wir der Material- Waren- und Informationsfluss erfasst, gesteuert und kontrolliert.

Aufgaben: Kernaufgabe der Logistik sind die 6 R´s, d.h. die richtige Ware, in der richtigen Menge, in der richtigen Qualität, zum richtigen Zeitpunkt, am richtigen Ort zu den richtigen Kosten bereitzustellen.

Ziele: Ziele der Logistik sind unter anderem eine hohe Lieferbereitschaft, eine hohe Liefertreue, eine ausgeprägte Qualitätssicherung, die Versorgung der Bevölkerung sowie die Minimierung von Umweltverschmutzungen.

Bereiche: Beschaffungslogistik, Marketinglogistik, Lagerlogistik, Entsorgungslogistik etc.

Controlling

Definition: Controlling ist ein Teil eines betriebswirtschaftlichen Führungssystems im Unternehmen, um Prozesse transparent darzustellen. Hierbei wir zwischen strategischem (Existenzsicherung) und operativem Controlling (Liquiditätssicherung) unterschieden. Beim Controlling handelt es sich um eine Zeitraumbetrachtung.

Aufgaben: Planung (Umsatzplanung, Kostenplanung, Investitionsplanung...), Information (Informationsbeschaffung, Informationsfilterung, Informationsweitergabe), Steuerung (Soll-Ist-Vergleich) und Kontrolle (Zeitpunktbetrachtung).

Ziele: Zu den Zielen des Controllings gehören unter anderem die Sicherung der Wettbewerbsfähigkeit, die Sicherung der wirtschaftlichen Unabhängigkeit, die Existenzsicherung (langfristig) sowie die Liquiditätssicherung (kurzfristig).

Bereiche: Marketing-Controlling, Beschaffungs-Controlling, Personal-Controlling...

Lösung 34   *Betriebliche Funktionen*

Die allgemeinen Produktionsverfahren werden unterteilt in „Elementarfaktoren" und „dispositive Faktoren". Die Elementarfaktoren unterteilen sich in ausführende Arbeit (körperliche Arbeit), Betriebsmittel (Maschinen) und Werkstoffe (Roh-, Hilfs-, Betriebsstoffe).
Die dispositiven Faktoren werden in Leitung (Führungskräfte), Planung, Organisation und Kontrolle unterschieden. Bei diesen Faktoren steht die geistige Leistung im Vordergrund.

Lösung 35   *Betriebliche Funktionen*

Eine Wertschöpfungskette stellt die Verbindung vom Lieferanten, über die Produktion, bis hin zum Kunden dar (Lieferkette). Da überall innerhalb der Lieferkette „Werte" geschaffen, d.h. Euro-Beträge erwirtschaftet werden, spricht man von einer Wertschöpfungskette.
Unter "Supply Change Management" versteht man die Optimierung der Wertschöpfungskette.

Lösung 36   *Betriebliche Funktionen*

Das **„Marketing-Mix"** besteht aus der Produkt-, der Preis-, der Kommunikations- und der Distributionspolitik.

Produktpolitik: Welche Produkte, bzw. Dienstleistungen werden in welcher Aufmachung (Verpackung) auf den Markt gebracht? Der Schwerpunkt liegt hierbei auf den Kundenwünschen.

Preispolitik: Die Preispolitik (Kontrahierungspolitik) geht den Fragen nach für welchen Preis das hergestellte Produkt oder die angebotene Dienstleistung am Markt positioniert wird und welche Preise (Konditionen) bei Verhandlungen mit den Lieferanten erzielt werden können?

Kommunikationspolitik: Die Kommunikationspolitik beschäftigt sich mit der Vermarktung und Bekanntmachung der hergestellten Produkte, bzw. der angebotenen Dienstleistungen. Dies kann über Werbung, Sponsoring, Public Relation etc. erfolgen.

Distributionspolitik: Die Distributionspolitik beschäftigt sich mit der Frage, wie das Produkt oder die Dienstleistung zum Kunden gelangt (direkter und indirekter Vertrieb)?

Eine der Hauptaufgaben des „Marketing-Managements" besteht im optimalen Einsatz operativer (Marketing-Mix) und strategischer (Produktlebenszyklus, Produktportfolio…) Instrumente. Hierzu zählt weiterhin der gezielte Einsatz der „Marketingforschung".

Lösung 37   Arbeitsprozesse

In einem Arbeitsprozess werden die vom Lieferanten bezogenen Rohstoffe, unter Leitung des Managements und in Verbindung mit den Betriebsmitteln sowie der menschlichen Arbeitskraft zu einem Produkt, welches an den Endverbraucher verkauft wird, verarbeitet. Unterstützend wirken hier die Bereiche (Funktionen) Personal, Controlling, Rechnungswesen und Finanzierung /Investition.

Zu den allgemeinen Unternehmenszielen gehören Beschaffungsziele (Bereitstellung des benötigten Materials), Produktionsziele (Herstellung eines Produktes mit hoher Qualität), Marketingziele (Erhöhung des Bekanntheitsgrades des Produktes oder Erhöhung des Marktanteils).

Lösung 38   Gründungsphasen

Die einzelnen Phasen der Existenzgründung lauten:

- Geschäftsidee (Produkt oder Dienstleistung)
- Situationsanalyse (Wo steht die Idee am Markt? Markt- Wettbewerbsanalyse)
- Planung (Wie soll die Idee umgesetzt werden? Festlegung von Zielen, wie sollen Kunden gewonnen werden? Konzepterstellung ⇨ Businessplan)
- Realisierung (Wahl der Rechtsform, Eintrag ins Handelsregister, Erstellung eines Marketingkonzeptes, Einstellen von Mitarbeitern, Investition in Maschinen, Fahrzeuge etc.)

- Kontrolle (Ist der eingeschlagene Weg der richtige? Stellen sich die ersten Erfolge ein? …)

Ein Businessplan enthält alle Komponenten, die zur erfolgreichen Umsetzung einer Geschäftsidee notwendig sind.

Hierzu gehören:

- Wahl der Rechtsform
- Standortanalyse
- Finanzierungssicherung
- Risikoanalyse
- Erstellung eines Marketingkonzepts
- Festlegen der Hierarchie

Maßnahmen zur Kundengewinnung

Lösung 39 *Rechtsformen*

Die GmbH und ihr kleiner Bruder die „Unternehmergesellschaft (UG) haftungsbeschränkt" sind beides Kapitalgesellschaften und unterscheiden sich unter anderem in folgenden drei Punkten:

1. Das Stammkapital einer GmbH beträgt mindestens 25.000€, das einer UG (haftungsbeschränkt) mindestens 1€.

2. Der Handelsregistereintrag nimmt bei der UG (haftungsbeschränkt) weniger Zeit in Anspruch, als bei einer GmbH-Gründung, da in der Regel vorgefertigte Gesellschafterverträge von den Gründern einer UG (haftungsbeschränkt) als Basisvertrag gewählt werden.

3. Die UG (haftungsbeschränkt) muss 25% ihres erzielten Gewinns auf ein Sparkonto (Sperrkonto) einzahlen, mit der Option der Umwandlung in eine GmbH, wenn auf dem Konto 25.000€ angespart wurden. Das Geld, das sich auf diesem Konto befindet, darf nicht verwendet werden, solange die 25.000€ nicht erreicht sind und es sich um eine UG (haftungsbeschränkt) handelt.

Bleibt es bei der Rechtsform einer UG (haftungsbeschränkt), darf nur der Betrag verwandt werden, der die 25.000€ übersteigt.

Die Wandlung in eine GmbH ist eine Kann-Option und muss nicht durchgeführt werden.

Lösung 40   Rechtsformen

zu a)	KG	GmbH
Geschäftsführung	Komplementär	Geschäftsführer
Vertretungsmacht	Komplementär	Geschäftsführer
Haftung	Komplementär: unbeschränkt, Kommanditist: Höhe der Einlage	Gesellschaftsvermögen, Gesellschafter: Höhe der Einlage
Mindestkapital	keins, da Personengesellschaft	25.000,00 €

	OHG	AG
Geschäftsführung	jeder Inhaber alleine	Vorstand
Vertretungsmacht	jeder Inhaber alleine	Vorstand
Haftung	jeder Inhaber unbeschränkt	Gesellschaftsvermögen, Aktionäre: Wert der Aktien
Mindestkapital	keins, da Personengesellschaft	50.000,00 €

zu b) Aufgaben eines Aufsichtsrates einer AG

Zu den Aufgaben des Aufsichtsrates einer AG gehören die Bestellung des Vorstandsvorsitzenden, die Kontrolle der Tätigkeiten des Vorstandes und die Überprüfung des Jahresabschlusses.

zu c) Organe hat eine GmbH

Eine GmbH mit 604 Mitarbeitern hat folgende Organe: Geschäftsführung, Aufsichtsrat (ab 500 Mitarbeitern) und die Gesellschafterversammlung.

Lösung 41   Rechtsformen

Personengesellschaften: Offene Handelsgesellschaft (OHG), Kommanditgesellschaft (KG), Gesellschaft des bürgerlichen Rechts (GdbR), BGB-Gesellschaft...

Kapitalgesellschaften: Aktiengesellschaft (AG), Gesellschaft mit beschränkter Haftung (GmbH), Kommanditgesellschaft auf Aktien (KG aA), Unternehmergesellschaft UG (haftungsbeschränkt)...

Gründe für die Aufnahme eines Kommanditisten aus Sicht des Komplementärs könnten sein:

- zusätzliche Liquidität, ohne Abhängigkeit von Banken

- der Kommanditist hat keine Geschäftsführungsbefugnis und Vertretungsmacht, d.h. der Komplementär behält weiterhin das alleinige Sagen

- das Risiko des Komplementärs wird auf mehrere Schultern verteilt (Kommanditist haftet mit seiner Einlage)

Gründe für den Einstieg eines Kommanditisten in eine KG könnten sein:

- Beteiligung an einem ertragsstarken Unternehmen, ohne Verantwortung im operativen Bereich übernehmen zu müssen

- hohe Verzinsung (Rendite) der Einlage

- steuerliche Gründe sprechen dafür

Lösung 42 *Rechtsformen*

zu a)

„Das Stammkapital beträgt 50.000€. Handelsregistereintrag ist zwingend. Es handelt sich um eine Kapitalgesellschaft."

Lösung: GmbH oder UG (haftungsbeschränkt), der Begriff Stammkapital gibt es nur bei der GmbH oder der UG (haftungsbeschränkt), bei einer AG heißt es Grundkapital. Das Stammkapital einer GmbH muss mindestens 25.000€ betragen, kann aber auch, wie hier, höher sein.

zu b)

„Die Gesellschafter dürfen nur gemeinsam entscheiden und ein Handelsregistereintrag ist nicht notwendig."

Lösung: Gesellschaft des bürgerlichen Rechts, BGB-Gesellschaft

zu c)

„Anzahl der Gründer: 1, das Unternehmen besitzt 3 Organe und die Entscheidungen trifft die Hauptversammlung, der Handelsregistereintrag erfolgt in der Abteilung B."

Lösung: Aktiengesellschaft (AG)

zu d)

„Das Unternehmen wurde von zwei natürlichen Personen gegründet, der eine haftet mit seinem Privatvermögen, der andere nur mit seiner Einlage. Ein Handelsregistereintrag existiert nicht."

Lösung: Stille Gesellschaft

Lösung 43 *Rechtsformen*

OHG: Bei einer OHG haften die Gesellschafter (Inhaber) voll und unbeschränkt, d.h. auch mit ihrem Privatvermögen.

GmbH: Für die Gläubiger einer GmbH steht nur das Vermögen der Gesellschaft zur Verfügung, da die Gesellschafter und Geschäftsführer nicht privat haften. Die Gesellschafter haften nur mit ihrer Einlage.

Lösung 44 *Rechtsformen*

„Zur Gründung einer Personengesellschaft ist kein Mindestkapital notwendig."

Diese Aussage ist richtig, weil die Gründer von Personengesellschaften natürlich Personen sind und sowohl mit dem gesamten Firmenvermögen, als auch mit ihrem gesamten Privatvermögen haften.

„Mehr Haftung geht nicht!" Daher ist ein Mindestkapital nicht erforderlich.

„Für die Kapitalgesellschaften „AG" und „GmbH" sind „Organe" erforderlich".

Auch diese Aussage ist korrekt, da es sich beiden Unternehmensformen um juristische Personen handelt, d.h. sie besitzen zwar eine eigene Rechtspersönlichkeit und können somit klagen sowie verklagt werden, sie besitzen aber keine eigene Handlungsfähigkeit.

Diese Handlungsfähigkeit wird durch die sogenannten Organe ausgeübt. Die Besetzung der Organe erfolgt über natürliche Personen, damit die Willensäußerungen, die nur von natürlichen Personen getroffen werden können, zur Handlungsfähigkeit führen.

Lösung 45 *Rechtsformen*

Bei der Werbeagentur handelt es sich um eine Einzelunternehmung. Sie sind der Inhaber, weitere Gesellschafter gibt es nicht. Somit steht Ihnen der gesamte Gewinn zu.

Andererseits tragen Sie aber auch das volle Risiko eines eventuell eintretenden Verlustes. Durch den Eintrag ins Handelsregister sind Sie Kaufmann und damit verpflichtet Bücher zu führen.

Lösung 46 *Rechtsformen*

Der Sonderstatus der GmbH & Co KG liegt darin begründet, dass es die einzige Personengesellschaft mit beschränkter Haftung ist.

Der Aufbau der GmbH & Co KG ist nach dem Prinzip der KG gegliedert, d.h. es existiert mindestens einen Komplementär und mindestens einen Kommanditisten.

Für die Haftung des Kommanditisten ändert sich in Bezug auf die „normale" KG nichts. Der Vollhafter, der Komplementär, wird bei der GmbH & Co KG durch die GmbH ersetzt, die wiederum nur mit ihrem Gesellschaftsvermögen haftet.

Lösung 47   *Kooperation*

zu a) Was ist eine Kooperation?

Eine Kooperation ist eine Zusammenarbeit von Unternehmen, die ihre rechtliche Selbstständigkeit beibehalten, aber ihre wirtschaftliche Selbstständigkeit für die Zusammenarbeit aufgeben. Eine Kooperation ist in der Regel zeitlich begrenzt.

zu b) Drei Formen einer „Kooperation" bei unterschiedlichen Wirtschaftsstufen

horizontale *Kooperation*: Zusammenarbeit von Unternehmen auf gleicher Wirtschaftsstufe (Brauerei und Limonadenhersteller).

vertikale *Kooperation*: Zusammenarbeit von Unternehmen, die entweder vor- oder nachgelagert sind [Möbelhersteller und ein Sägewerk (vorgelagert)oder Möbelhersteller und ein Möbeleinrichtungshaus (nachgelagert)].

laterale *(anorganische) Kooperation*: Zusammenarbeit von Unternehmen, die völlig unabhängig voneinander agieren (Immobiliengesellschaft und ein Fischgeschäft).

zu c) Beispiele für eine Kooperation

Joint *Venture*:

Zusammenarbeit von Unternehmen, die für ein oder mehrere Projekte zusammenarbeiten und hierbei eine neue rechtlich selbstständige Unternehmensform gründen, an der alle Kooperationsunternehmen mit finanziellen Einlagen, Sacheinlagen oder immateriellen Einlagen beteiligt sind.

Kartell:

Hierbei handelt es sich um eine vertragliche Zusammenarbeit der Beteiligten unter Aufgabe der wirtschaftlichen und Beibehaltung der rechtlichen Selbstständigkeit. Ziel der Kartelle ist eine Absprache über Preise oder andere wirtschaftliche Inhalte. Kartelle sind, mit einigen wenigen Ausnahmen, in Deutschland verboten.

Interessengemeinschaft:

Bei einer Interessensgemeinschaft arbeiten Unternehmen zusammen, um gemeinsam gleiche Ziele zu verfolgen.

zu d) Ziele einer Kooperation

Ziele einer Kooperation können sein:

- bessere Einkaufskonditionen, durch Mengenbündelung
- Erschließung neuer Märkte
- Wissensaustausch zur beiderseitigen Produktivitätssteigerung
- bessere Marktmacht im Vergleich zum Wettbewerb
- ...

Lösung 48   *Kooperation*

Beispiele für eine Kooperation sind unter anderem ein Joint Venture, eine Interessensgemeinschaft oder ein Kartell.

Da es sich hierbei um eine horizontale Kooperation handelt (beide Unternehmen sind in der gleichen Branche tätig, bzw. auf der gleichen Wirtschaftsstufe aktiv), würde sich eine Interessengemeinschaft anbieten.

Bei einer Interessensgemeinschaft schließen sich Unternehmen zusammen, um gemeinsam gleiche Ziele zu verfolgen.

Lösung 49   *Konzentration*

zu a) Was ist eine Konzentration?

Eine Konzentration ist ein Zusammenschluss von Unternehmen, die ihre rechtliche Selbstständigkeit beibehalten, aber ihre wirtschaftliche Selbstständigkeit komplett aufgeben. Die Unternehmen haben bei einer Konzentration eine einheitliche Leitung. Bei einer Fusion gibt ein Partner sogar seine rechtliche Selbstständigkeit auf.

zu b) Drei Formen einer „Konzentration" bei unterschiedlichen Wirtschaftsstufen

horizontale *Konzentration*: Zusammenschluss von Unternehmen auf gleicher Wirtschaftsstufe (Brauerei und Limonadenhersteller).

vertikale *Konzentration*: Zusammenschluss von Unternehmen, die entweder vor- oder nachgelagert sind [Möbelhersteller und ein Sägewerk (vorgelagert)oder Möbelhersteller und ein Möbeleinrichtungshaus (nachgelagert)].

laterale*(anorganische) Konzentration*: Zusammenschluss von Unternehmen, die völlig unabhängig voneinander agieren (Reinigungsfirma und ein Hersteller von Traktoren, es entsteht in der Regel ein Konglomerat).

zu c) Beispiele für eine Konzentration

Fusion: Zusammenschluss von Unternehmen, die sowohl ihre rechtliche, als auch ihre wirtschaftliche Selbstständigkeit aufgeben. Je nach Umfang des Zusammenschlusses überwacht das Bundeskartellamt, ob daraus ein zu mächtiges Unternehmen entsteht, welches das Marktgeschehen dominieren würde.

Konzern: Hierbei handelt es sich um einen Zusammenschluss von rechtlich selbstständigen Unternehmen, die sich dann unter einheitlicher Leitung befinden.

zu d) Ziele einer Konzentration

Ziele einer Konzentration können sein:

- Kostenminimierung durch Zusammenlegung von Abteilungen

- Verbesserung der Marktposition

- Optimierung des Wissensmanagements [Erweiterung des verfügbaren Wissens (Know-how-Gewinn)]

- Nutzen von Synergieeffekten

- ...

Lösung 50   *Unternehmenszusammenschlüsse*

Beispiele:

Gründe warum sich Unternehmen zusammenschließen könnten sein:

- Verbesserung der Konditionen bei Einkaufverhandlungen

- Stärkung der Marktmacht, um sich im Wettbewerb behaupten zu können

- Sicherung von Rohstoffen (vertikaler Zusammenschluss)

- Sicherung von Vertriebswegen (horizontaler Zusammenschluss)

- Erweiterung des Portfolios

- Abhängigkeit von der eigenen Branche zu verringern (lateraler Zusammenschluss)

- ...

Unter Globalisierung versteht man die weltweite Vernetzung von Unternehmen.

DISCLAIMER

Die Inhalte dieses Buches wurden mit größtmöglicher Sorgfalt erstellt. Der Autor übernimmt jedoch keinerlei Gewähr für die Vollständigkeit der bereitgestellten Informationen. Haftungsansprüche gegen den Autor, welche sich auf Schäden materieller oder ideeller Art beziehen, die durch die Nutzung oder Nichtnutzung der dargebotenen Informationen bzw. durch die Nutzung fehlerhafter und unvollständiger Informationen verursacht wurden, sind grundsätzlich ausgeschlossen, sofern nicht durch den Leser ein grob fahrlässiges Verschulden des Autors nachgewiesen werden kann.

Alle hier aufgeführten Namen, Warenzeichen sind Eigentum des jeweiligen Herstellers, des jeweiligen Unternehmens und dienen lediglich dem Inhalt des Textes als Beispiel. Sofern Teile oder einzelne Formulierungen dieses Textes der geltenden Rechtslage nicht, nicht mehr oder nicht vollständig entsprechen sollten, bleiben die übrigen Teile des Dokumentes in ihrem Inhalt und ihrer Gültigkeit davon unberührt.